家庭学習でつける力

# 低学年でもっとも大切なのは、基礎基本の学力と学習習慣の確立です

陰山 英男

## ①「三つの気」を育てよう

家庭の第一の役割は、「子どもを**元気**にする」ことです。

元気な子どもは、活発です。好奇心に満ちあふれています。**やる気**があるのです。

元気な子どもは、少しの失敗を気にしません。**根気**があるからやり直しができるのです。

お母さん、お父さんに「うちの子、勉強のほうはいま一つだなあ」とご相談を受けたとして、元気、やる気、根気の「三つの気」があるお子さんなら、基本的に心配いりません、と私は申しあげるでしょう。

しかしこの「三つの気」は、放っておいて子どもたちが勝手に手に入れられるものではありません。

### ●早寝・早起き・朝ご飯

まず、元気が出る生活習慣にしましょう。

ずばり早寝・早起き・朝ご飯です。

私は、これまで教師として子どもたちと早寝・早起き・朝ご飯の生活づくりに取り組んできました。私はいくつもの学校に勤めてきましたが、学校にこられる方はみなさん「子どもたちは、みんな元気ですね」と口を揃えて言ってくださいます。

低学年なら、夜は9時半までに就寝し、朝は6時半には起き、朝ご飯を必ず食べる。一昔前の子どもたちが、当たり前のようにしていた生活をすることで、子どもたちは本当に活発になります。活動的になるということは集中力が高まることでもあります。血の巡りがよくなるわけですから、学習面でもそれだけ効率があがります。

### ●一人にさせないで

学習やスポーツなど、やる気・根気を育む場面はいくつもあります。共通するのは、親なり指導者なりが子どもを励まし続けることと、子どもが一人でするのではなく一緒にする誰かがいることです。

家庭では親が、学校では教師と友だちが周りにいて、互いに気にかけ励まし合いながら取り組むことでやる気と根気が育っていきます。生を受けて10年にならない子どもたちです。弱い存在なのです。一人では育ちません。私が低学年の子どもの家庭学習をリビングですることをおすすめする理由もそこにあります。

## ②家庭学習で育てるやる気と根気

### ●親は子どもの勉強仲間に

私の師匠である故岸本裕史先生は、「夕飯

のしたくのとき、音読を聞いてやってね、“え～○○ちゃん、そんな難しい漢字を習ったの。すごいね、お父さんが帰ってきたら、あなたがどんなに賢くなったか教えてあげよう”こんなふうに子どもに声をかけてやってください」とお母さんたちにいつも話していました。

忙しい毎日でしょう。でも工夫しだいで親は子どもの勉強仲間になれます。不在がちのお父さんもお子さんの勉強仲間になってください。

**●やさしいことを短時間、継続して**

あるときから私は、100マス計算を何日間かずつ同じ問題でするようになりました。毎日させたいが、違う問題を作成する時間がない日が続いた、そんな理由からでした。このとき私は、スピードは上がるが計算力はつかないだろう、でも毎日することに意味があると考えていました。ところがある日、計算テストをして驚きました。子どもたちの計算力が上がっていたのです。

同じ問題であっても毎日タイムが上がってほめられ、子どもは意欲と自信をつけていた、それが計算力アップにつながったのでした。

**●家庭学習で大切なこと**

この『勉強したくなるプリント』は、小学１年生・２年生・３年生という時期に、基礎基本の学力と学習習慣を身につけるためのプリントです。

基礎基本の内容は、漢字や計算力のように、学年が上がってどんなに難しい学習になっても必要とされる力です。

そして、基本問題のくり返し学習は、子どもの中に自信を育み、学習へのやる気と根気を育てることができます。

このプリント集の問題は、

- やさしい問題を
- 毎日する
- 最後までする

の工夫をしました。わからないときは答えを見たり、写したりしてもよいのです。最後までやりきることを大切にして、学力と家庭学習の習慣をつけられるようにしています。

一度にたくさん、長時間する必要はありません。朝起きて顔を洗うように家庭での勉強の習慣をつけることを大事にしましょう。低学年はまずそこから始めましょう。

以下３年生で獲得したい基礎学力です。

㋐配当漢字のすべてが読め、８割の漢字を書くことができる。
㋑短い詩が暗唱できる。
㋒簡単なことわざ・慣用句を知っている。
㋓100マス計算（たし算・ひき算・かけ算）がそれぞれ２分以内にできる。
㋔直角を学び、三角形、四角形の基本的な知識を習得する。
㋕わり算（あまりを出すときくり下がりのひき算が必要）50問を10分以内にできる。

陰山英男（かげやま　ひでお）　陰山ラボ代表。一般財団法人基礎力財団理事長。教育クリエイターとして「陰山メソッド」の普及につとめ、教育アドバイザーとして子どもたちの学力向上で成果をあげている。文部科学省中央教育審議会初等中等教育分科会教育課程部会委員、内閣官房教育再生会議委員、大阪府教育委員会委員長などを歴任。2006年４月から2016年まで立命館大学教授。

## 親子でつけよう！

★日にちを記入してつかってね。
★できたら一つ10点です。

# 10日間 100点 生活づくり表

| がんばること | 月 | 火 | 水 | 木 | 金 | 月 | 火 | 水 | 木 | 金 |
|---|---|---|---|---|---|---|---|---|---|---|
| ① 早おきする。(6:30までに)  | | | | | | | | | | |
| ② 朝ごはんを食べる。  | | | | | | | | | | |
| ③ 外で遊ぶ。  | | | | | | | | | | |
| ④ おてつだいをする。  | | | | | | | | | | |
| ⑤ 勉強(宿題)をする。(30分～60分)  | | | | | | | | | | |
| ⑥ 明日の学校の用意をする。  | | | | | | | | | | |
| ⑦ テレビやゲームは1時間まで  | | | | | | | | | | |
| ⑧ 朝ばん歯みがきをする。  | | | | | | | | | | |
| ⑨ 読書をする。  | | | | | | | | | | |
| ⑩ 早くねる。(9:30までに)  | | | | | | | | | | |
| 今日は何点？ | | | | | | | | | | |

### 生活の良い習慣は学力アップの土台です

３年生後半に入りました。夏休みも過ぎ、お子さんの生活リズムは戻っていますか？ 一度見直してみましょう。この時期のお子さんは、頭ごなしに言ってはかえって逆効果、親子で話し合いながら、ワイワイ楽しく取り組んでください。「お母さんもテレビは１時間だよ」などと思わぬ逆襲があるのも楽しいものです。

# 勉強したくなる 算数・国語プリント 小学3年生 後期



# 算数

3年生 後期



算数

「ナゾトキ☆クエスト」目次

「ナゾトキ☆クエスト」もはじまるよ！ 89ページからだよ。

リオくん

ししょう

# 目次

# 国語

**3年生 後期**



おまけ　目次



国語

「ナゾトキ☆クエスト」　目次

「ナゾトキ☆クエスト」も
はじまるよ！　19ページからだよ。

レイナちゃん

## 3年生　後期の勉強

# ここがポイントです

## 算　数

### ◎「2けたのかけ算」

2桁どうしのかけ算の計算は、かけ算の操作が4回あります。それに途中でたし算の操作もしなければなりません。

事前に、1桁どうしのたし算、かけ算九九がすらすらできるようになっているか確認してください。不正確だったり、時間がかかったりするようでしたら、その練習を先にしっかりやらせましょう。

### ◎答えが2けたのわり算

80÷9は答えが1桁です。80÷6は答えが2桁です。わり算では、どの位に商が立つかをまず最初に確認することが重要です。

### ◎「重さ」「長さ」

測定に関しては、重さで「t（トン）」を学習します。体感できる重さではありません。長さの「km」も体感するのは難しいです。輸送トラック「8トン（8t）」、道路標識「東京まで30km」など身近な場面で話題にするといいでしょう。

### ◎大きな数

大きな数の学習では、10個集まると次の大きな位に上がるという、十進位取り記数法の理解が進むようにします。1億の学習は、99999999の次が1億、1千万の10倍が1億という程度の学習です。

## 国　語

### ◎文の仕組み

3年生は、主語・述語はもちろん修飾語や接続語・指示語などとたくさんの文法事項を学習します。それらを学習することによって、日常使う言葉をふり返って正しい日本語を認識できるように構成しました。1ページずつよく考えながら進めてください。

### ◎漢字

3年生の漢字は画数が多いものが増えています。第1画目を示すことで、筆順を意識させ大きい文字でしっかり練習できるようにしています。日々の練習で語彙も増えていくはずです。

「漢字のふく習」の項目も立て、短文の中で学習漢字が無理なく使えるようにしました。熟語を多く学びます。

### ◎文の読み取り

「どんな意味がありますか」「どのような考えで」「どんな言葉で表されていますか」などと問題の出し方のレベルを上げています。しかし、提示の説明文や物語文は、よく読めばわかる質の高い文を選んでいます。

# あまりのあるわり算 1

勉強したのは　　月　　日

終わったら色ぬりしよう

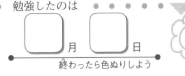

次の計算をしましょう。

① $50 \div 7 =$ 　…

② $70 \div 8 =$ 　…

③ $50 \div 6 =$ 　…

④ $30 \div 8 =$ 　…

⑤ $40 \div 6 =$ 　…

⑥ $20 \div 3 =$ 　…

⑦ $10 \div 3 =$ 　…

⑧ $80 \div 9 =$ 　…

⑨ $30 \div 7 =$ 　…

⑩ $60 \div 7 =$ 　…

⑪ $40 \div 9 =$ 　…

⑫ $30 \div 4 =$ 　…

⑬ $50 \div 8 =$ 　…

⑭ $20 \div 6 =$ 　…

⑮ $10 \div 4 =$ 　…

**おうちの方へ**

あまりを出すひき算のときに、くり下がる問題です。わられる数が何十なので、くり下がりの計算はさほどむずかしくはありません。



【8ページの答え】①ア　②ウ　③エ　④イ　⑤ウ　⑥エ　⑦イ　⑧ア

# 文の仕組み 1

## 主語・述語1

勉強したのは　□月　□日

終わったら色ぬりしよう

次の文は、㋐〜㋓のどの形の文と同じですか。□からえらんで、□に記号を書きましょう。

① ひまわりの花が　さく。　□

② 庭に　犬が　いる。　□

③ かぶと虫は　こん虫だ。　□

④ ラッコは　かわいい。　□

⑤ 木に　せみが　いる。　□

⑥ 兄は　水泳せん手だ。　□

⑦ 山のちょう上は　すずしい。　□

⑧ かみなりが　鳴る。　□

㋐ 何(だれ)が(は)　どうする。
㋑ 何(だれ)が(は)　どんなだ。
㋒ 何(だれ)が(は)　ある(いる)。
㋓ 何(だれ)が(は)　何だ。

● おうちの方へ ●

「何が（は）」「だれが（は）」にあたる言葉を主語、「どうする」「どんなだ」「ある（いる）」「何だ」にあたる言葉を述語といいます。主語・述語を見つけることは、文章を理解するうえで最も基本的なポイントとなります。



【7ページの答え】①7…1　②8…6　③8…2　④3…6　⑤6…4　⑥6…2　⑦3…1　⑧8…8
⑨4…2　⑩8…4　⑪4…4　⑫7…2　⑬6…2　⑭3…2　⑮2…2

# あまりのあるわり算 2

勉強したのは　月　日
終わったら色ぬりしよう

次の計算をしましょう。

① 41÷9＝　…

② 11÷4＝　…

③ 13÷7＝　…

④ 52÷8＝　…

⑤ 53÷6＝　…

⑥ 12÷7＝　…

⑦ 61÷8＝　…

⑧ 11÷9＝　…

⑨ 22÷8＝　…

⑩ 55÷7＝　…

⑪ 24÷9＝　…

⑫ 13÷8＝　…

⑬ 62÷7＝　…

⑭ 71÷9＝　…

⑮ 32÷7＝　…

● おうちの方へ ●

あまりを出すひき算をするときのくり下がりが、少しむずかしい問題を集めています。



【10ページの答え】①㋐ねこが　㋑鳴く　②㋐びわ湖は　㋑湖だ　③㋐ジンベエザメが　㋑いた　④㋐夏は　㋑暑い

# 文の仕組み 2

## 主語・述語2

次の文の主語と述語はどれですか。（　）に書きましょう。

〈れい〉ぼくの　兄は、サッカーが　とくいだ。
→ ㋐主語（兄は）　㋑述語（とくいだ）

① 黒い　ねこが　ニャーニャー　鳴く。
㋐主語（　　　）　㋑述語（　　　）

② びわ湖は、日本一　大きい　湖だ。
㋐主語（　　　）　㋑述語（　　　）

③ 水族館に　大きな　ジンベエザメが　いた。
㋐主語（　　　）　㋑述語（　　　）

④ とくに　暑い、今年の　夏は。
㋐主語（　　　）　㋑述語（　　　）

主語になる言葉には「が」や「は」がついているよ。
述語は、「どうする」「どんなだ」「何だ」「ある・いる」にあたる言葉だよ。


勉強したのは　月　日

終わったら色ぬりしよう

**おうちの方へ**

主語・述語は、文を最も短くしたときに残っている言葉で、その言葉がないと、何がどうなのかわからなくなります。主語と述語をつなげて読んでみて、おかしくない文かどうか確かめさせましょう。④は主語と述語の順が入れ代わっている文で、会話ではよくあります。



【9ページの答え】①4…5　②2…3　③1…6　④6…4　⑤8…5　⑥1…5　⑦7…5　⑧1…2　⑨2…6　⑩7…6　⑪2…6　⑫1…5　⑬8…6　⑭7…8　⑮4…4

# あまりのあるわり算 3

勉強したのは　月　日

終わったら色ぬりしよう

次の計算をしましょう。

① 41÷7＝　…

② 11÷8＝　…

③ 21÷6＝　…

④ 15÷8＝　…

⑤ 11÷6＝　…

⑥ 31÷7＝　…

⑦ 62÷9＝　…

⑧ 51÷7＝　…

⑨ 71÷8＝　…

⑩ 53÷7＝　…

⑪ 51÷9＝　…

⑫ 21÷8＝　…

⑬ 33÷7＝　…

⑭ 53÷8＝　…

⑮ 61÷9＝　…

**おうちの方へ**

あまりを出すわり算は、慣れるまでに時間がかかります。１つずつていねいにやらせましょう。



【12ページの答え】①すいかが ある　②雨が ふってきた　③かわいいね ねこは　④遊んだ（主語なし）　⑤行った（主語なし）

# 文の仕組み 3

## 主語・述語 3

次の文の主語を□でかこみ、述語に〜〜を引きましょう。

① おいしそうな　すいかが　ある。

② とつぜん、雨が　はげしく　ふってきた。

③ とても　かわいいね、このねこは。

④ 楽しかったので　一日中　海で　遊んだ。

⑤ 早起きをして、かぶと虫を　とりに　行った。

勉強したのは　月　日

終わったら色ぬりしよう

● おうちの方へ ●

主語は、「何が（は）」にあたる部分です。述語は「どうした」「何だ」「ある（いる）」「どんなだ」にあたる部分です。③は、倒置法で、主語と述語の順が入れ代わっています。意味を強調するときに使います。④⑤のように、主語がない文章もあります。主語を推測させてみましょう。



【11ページの答え】①5…6　②1…3　③3…3　④1…7　⑤1…5　⑥4…3　⑦6…8　⑧7…2　⑨8…7　⑩7…4　⑪5…6　⑫2…5　⑬4…5　⑭6…5　⑮6…7

# あまりのあるわり算 4

勉強したのは　月　日

終わったら色ぬりしよう

次の計算をしましょう。

① 21÷9＝　…

② 23÷8＝　…

③ 26÷9＝　…

④ 51÷6＝　…

⑤ 31÷9＝　…

⑥ 14÷8＝　…

⑦ 13÷9＝　…

⑧ 51÷8＝　…

⑨ 12÷9＝　…

⑩ 52÷6＝　…

⑪ 12÷8＝　…

⑫ 25÷9＝　…

⑬ 54÷8＝　…

⑭ 31÷4＝　…

⑮ 14÷9＝　…

**おうちの方へ**

あまりを出すひき算でくり下がりがあるものは全部で100題あります。そのうちの60題を「あまりのあるわり算1～4」で出しています。この計算ができれば、わり算は合格です。くり返し練習しましょう。



【14ページの答え】①おいしそうに・麦茶を　②夏休みに・姉と・いなかへ　③大きな・池で　④公園で・花火を　⑤おばあちゃんに・絵はがきを

# 文の仕組み 4

## 修飾語1

（　）に合う言葉を、□からえらんで書きましょう。

① 兄は、（どのように）（何を）飲んだ。

② わたしは、（いつ）（だれと）（どこへ）行った。

③ （どんな）ザリガニを（どこで）つった。

④ ぼくたちは、（どこで）（何を）した。

⑤ （だれに）、ぼくは（何を）出した。

| |
|---|
| 絵はがきを |
| いなかへ |
| おばあちゃんに |
| 池で |
| 公園で |
| 姉と |
| 麦茶を |
| 花火を |
| 大きな |
| おいしそうに |
| 夏休みに |

勉強したのは　月　日

終わったら色ぬりしよう

**おうちの方へ**

修飾語は主語・述語以外の言葉です。「いつ」「どこで」「だれと」「何を」「どんな」「どのように」など、主語や述語を詳しくし様子がよくわかるようにする言葉です。作文を書くときに活用すると、表現が生き生きとしてきます。



【13ページの答え】①2…3　②2…7　③2…8　④8…3　⑤3…4　⑥1…6　⑦1…4　⑧6…3
⑨1…3　⑩8…4　⑪1…4　⑫2…7　⑬6…6　⑭7…3　⑮1…5

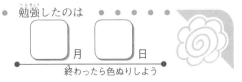

勉強したのは　月　日
終わったら色ぬりしよう

# 大きな数 1

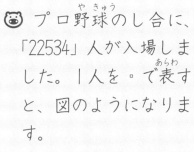

プロ野球のし合に、「22534」人が入場しました。1人を・で表すと、図のようになります。
**二万二千五百三十四人**
と読みます。

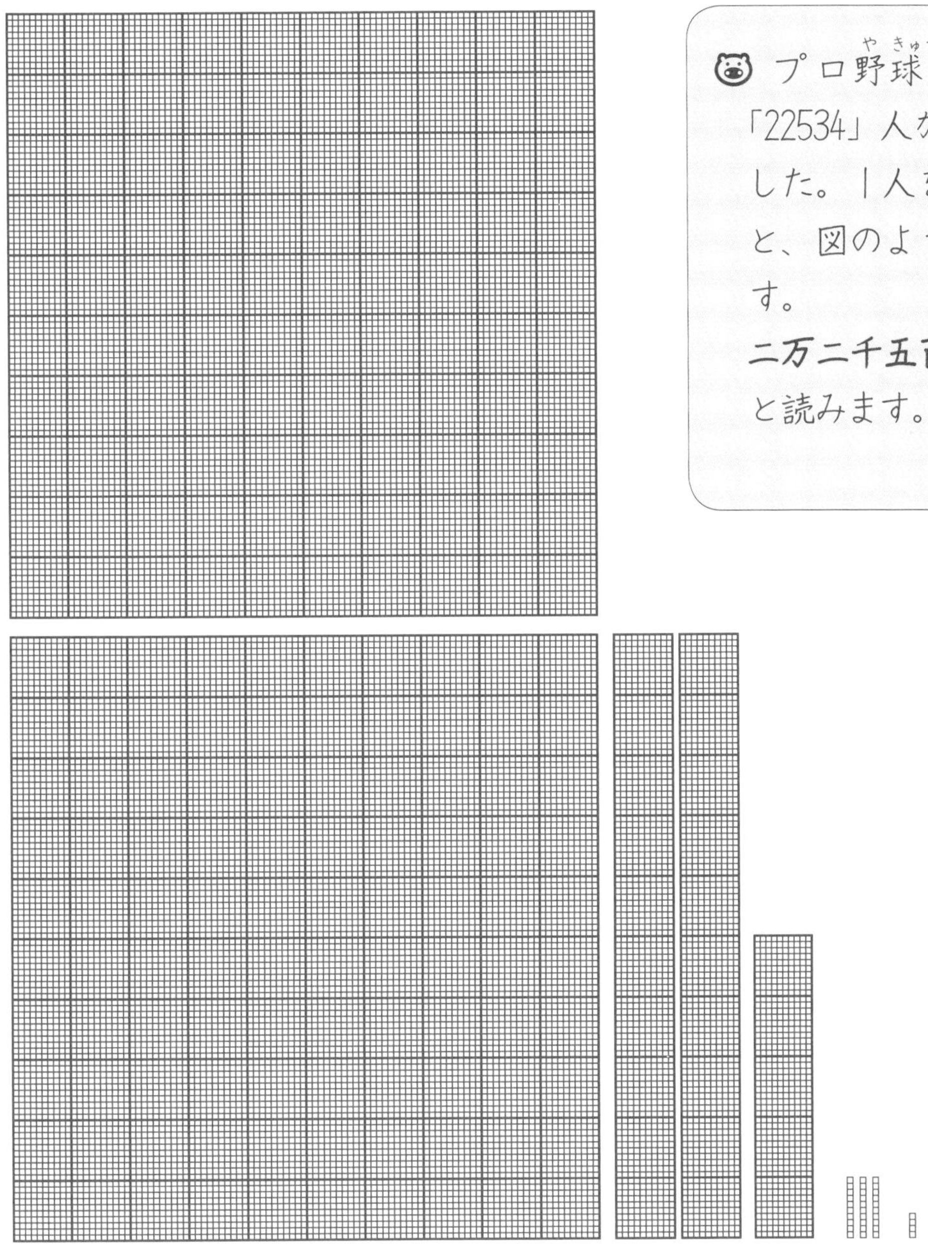

2万　2千　5百　3十4

なぞりましょう。　22534人

● おうちの方へ ●

全部でいくつあるかを調べるために、・を1つずつ数えていこうとすると、気が遠くなりそうですね。2年生で1000までの数を学習したとき、10ずつで位が上がったことを思い出させましょう。

【16ページの答え】①㋐夕やけの　㋑赤い　㋒この　㋓秋の・まっ青な　㋔たくさんの・白い
②㋐どこまでも　㋑ふんわりと　㋒ぎらぎらと　㋓庭に・水を　㋔畑で・いもを

# 文の仕組み 5

## 修飾語(しゅうしょくご)2

次(つぎ)の文で、□の言葉(ことば)をくわしくしている言葉(ことば)(修飾語(しゅうしょくご))に〰〰を引きましょう。

勉強(べんきょう)したのは　月　日

終(お)わったら色ぬりしよう

①〈れい〉ひまわりの　たねが　できた。

㋐ 夕やけの　空が　美(うつく)しい。

㋑ 赤い　とんぼが　とんでいる。

㋒ この　くりは　おいしい。

㋓ 秋の　まっ青な　空。

㋔ たくさんの　白い　たまが　入る。

②〈れい〉兄は　全力(ぜんりょく)で　走った。

㋐ 道が　どこまでも　つづく。

㋑ ふんわりと　ケーキが　やける。

㋒ ぎらぎらと　太陽(たいよう)が　てりつける。

㋓ わたしは、庭(にわ)に　水を　まいた。

㋔ ぼくは、畑(はたけ)で　いもを　ほった。

〰〰を二(に)か所(しょ)引く文もあるよ。

● おうちの方へ ●

修飾語を見つける問題です。□の中の言葉を詳しくしている言葉をさがさせましょう。①は主語を、②は述語を修飾しています。「夕やけの→空」「全力で→走った」というふうに、うまくつながる言葉を選ぶのがポイントです。①㋓㋔、②㋓㋔は〰〰を引く言葉が2か所あります。また、②㋑㋒は修飾語と述語が離れていることに注意しましょう。

# 大きな数 2

勉強したのは　月　日
終わったら色ぬりしよう

一万を10こ集めた数を**十万**といいます。

**1.** 次の数字は、ある年の日本の小学3年生男女べつの人数です。読み方を漢字で書きましょう。

| | | 十万のくらい | 一万のくらい | 千のくらい | 百のくらい | 十のくらい | 一のくらい | 読み方 |
|---|---|---|---|---|---|---|---|---|
| ① | 男子 | 6 | 0 | 3 | 6 | 4 | 0 | 六十万三千 |
| ② | 女子 | 5 | 7 | 7 | 6 | 0 | 3 | |

十万を10こ集めた数を**百万**といいます。

百万を10こ集めた数を**千万**といいます。

**2.** 次の数字は、ある年の小学生と中学生を合わせた数です。読み方を漢字で書きましょう。

| 千万のくらい | 百万のくらい | 十万のくらい | 一万のくらい | 千のくらい | 百のくらい | 十のくらい | 一のくらい |
|---|---|---|---|---|---|---|---|
| 1 | 0 | 8 | 4 | 6 | 6 | 4 | 6 |

| 読み方 | |
|---|---|

**3.** 次の数を、くらいに気をつけて数字で書きましょう。

二千三十六万八千二百二十七

| | | | | | | | |
|---|---|---|---|---|---|---|---|
| | | | | | | | |

**● おうちの方へ ●**

位は大きくなりますが、日本の数の読み方は4けたごとに大きく変わります。それがつかめていると、4年生の億や兆の数も理解しやすくなります。



【18ページの答え】①㋐まんまるい　㋑美しく　②㋐白い・大きな　㋑もくもくと
③㋐まっ赤な　㋑ゆっくり・西の山に　④㋐はげしい　㋑ゆうべから・ずっと

# 文の仕組み 6 修飾語3

勉強したのは　月　日

終わったら色ぬりしよう

次の文の㋐、㋑の言葉をくわしくしている言葉を、それぞれ（　）に書きましょう。

〈れい〉きれいな ㋐[海で] 楽しく ㋑[泳いだ]。
↓
㋐（きれいな）㋑（楽しく）

① まん丸い ㋐[月が] 美しく ㋑[光る]。

㋐（　　　　）（　　　　）
㋑（　　　　）

② 白い 大きな ㋐[入道雲が] もくもくと ㋑[出た]。

㋐（　　　　）（　　　　）（　　　　）
㋑（　　　　）

③ まっ赤な ㋐[夕日が] ゆっくり 西の山に ㋑[しずむ]。

㋐（　　　　）
㋑（　　　　）（　　　　）

④ ゆうべから はげしい ㋐[風が] ずっと ㋑[ふいている]。

㋐（　　　　）
㋑（　　　　）（　　　　）

● おうちの方へ ●

一つの文の中に、主語を修飾する言葉も述語を修飾する言葉もある問題です。修飾語が①では主語と述語に一つずつ、②では主語に二つ、述語に一つ、③④では主語に一つ、述語に二つずつあります。④は「ゆうべから」がどの言葉にかかるか気をつけましょう。



【17ページの答え】1．①六十万三千六百四十 ②五十七万七千六百三
2．千八十四万六千六百四十六 3．20368227

ようかいの森をぬけて
にんじゅつしゅぎょうに
出かけるレイナ。

□の中に入る漢字はどっちが正しいかな。正しい漢字をえらんでにげだそう。

33ページにつづく。

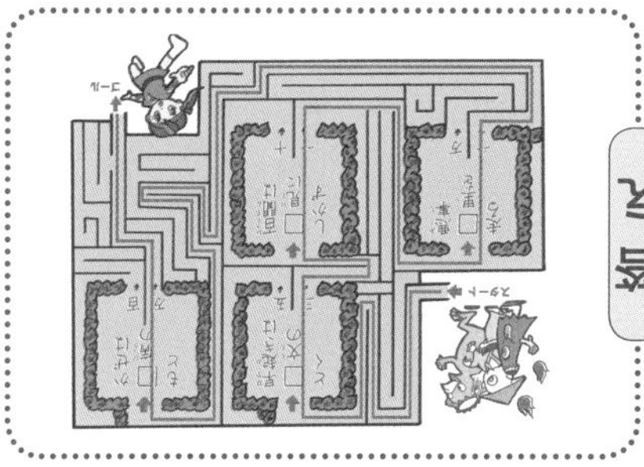

# おまけ

## 数の読み方

●あいている□に読み方を入れて声に出して読みましょう。

| | | | | |
|---|---|---|---|---|
| 1 いち | ひ | ㋑ □ | 一人（ひとり） | 一日（ついたち） |
| 2 に | ふ | ふたつ | 二人（ふたり） | 二日（ふつか） |
| 3 さん | ㋐ □ | みっつ | 三人（さんにん） | 三日（みっか） |
| 4 し（よん） | よ | よっつ | 四人（よにん） | 四日（よっか） |
| 5 ご | いつ | ㋒ □ | 五人（ごにん） | 五日（いつか） |
| 6 ろく | む | むっつ | 六人（ろくにん） | ㋔ □ 六日 |
| 7 しち（なな） | なな | ななつ | 七人（しちにん） | 七日（なのか） |
| 8 はち | や | やっつ | ㋓ □ 八人 | 八日（ようか） |
| 9 く（きゅう） | ここ（この） | ここのつ | 九人（く（きゅう）にん） | 九日（ここのか） |
| 10 じゅう | とお | とお | 十人（じゅうにん） | 十日（とおか） |

※0「れい」は日本語、「ゼロ」は英語（えいご）です。

答え

㋐み　㋑ひとつ　㋒いつつ　㋓はちにん　㋔むいか

# 大きな数 3

勉強したのは　□月　□日
終わったら色ぬりしよう

**1.** □にあてはまる数を書きましょう。

① 97268000は、**千万**が□こ、**百万**が□こ、**十万**が□こ、

**一万**が□こ、**千**が□こあります。

② 380000は、**1万**を□こ集めた数です。38万とも書きます。

③ 45020000は、**1万**を□こ集めた数です。□万とも書きます。

**2.** 次の数を数字で書きましょう。また、読んでたしかめましょう。

① 100万を4こ、10万を7こ、1万を2こ集めた数。

______________________

② 1000万を8こ、10万を5こ集めた数。

______________________

● おうちの方へ ●

**1.** は、数の構成を位に着目して理解できているかを問う問題です。**2.** は数のない位に0を書くことを忘れないように気をつけさせましょう。



【22ページの答え】①ウ　②エ　③ア　④イ

# 文の仕組み 7 こそあど言葉1

勉強したのは　月　日

終わったら色ぬりしよう

①〜④のこそあど言葉は、どのように使い分けますか。合うものを――でつなぎましょう。

① こ（これ・ここ・こんな・この）・　　・㋐ 話し手からも相手からも遠い場合。

② そ（それ・そこ・そんな・その）・　　・㋑ 指ししめすものがはっきりしない場合。

③ あ（あれ・あそこ・あんな・あの）・　　・㋒ 話し手に近い場合。

④ ど（どれ・どこ・どんな・どの）・　　・㋓ 相手に近い場合。

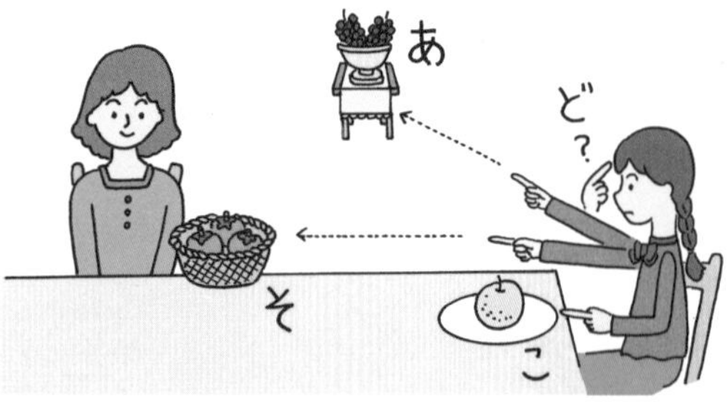


● おうちの方へ ●

「こ・そ・あ・ど」のどれかが上につき、指し示す働きをする言葉を「こそあど言葉」（指示語）といいます。ほかにも「こ」では「こちら・こっち・こう」、「そ」では「そちら・そっち・そう」、「あ」では「あちら・あっち・ああ」、「ど」では「どちら・どっち・どう」があります。

【21ページの答え】1. ①9・7・2・6・8　②38　③4502・4502万　2. ①4720000　②8050000

# 大きな数 4

勉強したのは　月　日

終わったら色ぬりしよう

**1.** 43万円について考えましょう。

| 十万のくらい | 一万のくらい | 千のくらい | 百のくらい | 十のくらい | 一のくらい |
|---|---|---|---|---|---|
| 4 | 3 | 0 | 0 | 0 | 0 |

① 1万円さつだけでは、何まいになりますか。

　　　　　　まい

※1万のくらいの右に線を引いて考えましょう。

②では千のくらいの右に線を引いて考えよう。

② 千円さつだけでは、何まいになりますか。

　　　　　　まい

**2.** 下の線の↑がしめしている数を書きましょう。

①

（　　　万）（　　　万）（　　　万）

②
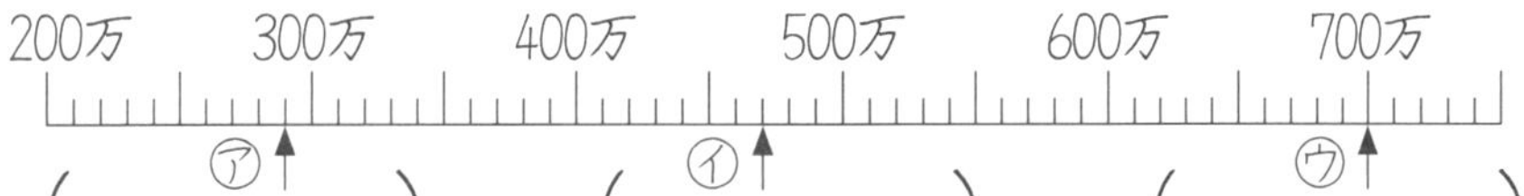


（　　　　）（　　　　）（　　　　）

③
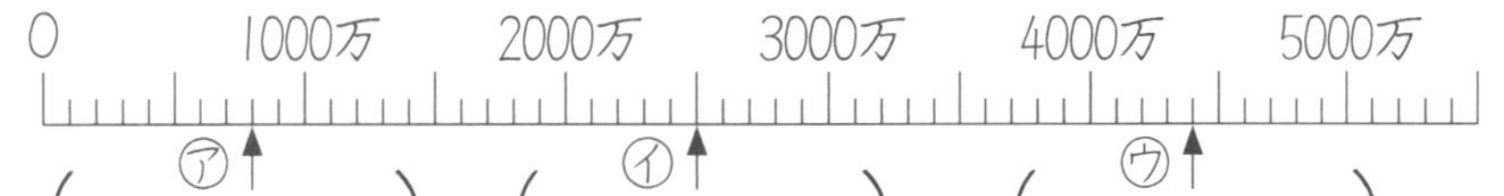


（　　　　）（　　　　）（　　　　）

④

（　　　　）（　　　　）（　　　　）

**おうちの方へ**

**1.** はヒントを読めばわかるでしょう。**2.** は1めもりの大きさを考えさせましょう。



【24ページの答え】 ①あれ ②どれ ③これ ④それ ⑤その

# 文の仕組み 8 こそあど言葉2

（　）に合う言葉を、□からえらんで書きましょう。

勉強したのは　　月　　日

終わったら色ぬりしよう

① 向こうに大きな湖が見えるだろう。（　　　）がびわ湖だ。

② 図書館で本をいろいろかりた。（　　　）から先に読もうかな。

③ 母が「（　　　）はおいしいよ。」と言いながら、ケーキをやいている。

④ あなたの食べているパン。（　　　）はどこで売っていますか。

⑤ きのうは秋祭りだった。ぼくは、（　　　）ことを日記に書いた。

| | | | | |
|---|---|---|---|---|
| これ | それ | あれ | どれ | その |

わからなかったら、22ページの「こそあど言葉1」を見てみよう。

**おうちの方へ**

「こそあど言葉」は、前に述べたことがらを指して、文章を簡潔にするという働きがあります。③は例外で、「こそあど言葉」が先に出てくる文です。



【23ページの答え】1. ①43まい　②430まい　2. ①㋐8万　㋑24万　㋒53万　②㋐290万　㋑470万　㋒700万　③㋐800万　㋑2500万　㋒4400万　④㋐4000万　㋑5500万　㋒7700万

# 大きな数 5

勉強(べんきょう)したのは　　月　　日
終わったら色ぬりしよう

**1.** 次(つぎ)の□に数を入れましょう。

1万が10こで［10万］、10万が10こで［　　］、

100万が10こで［　　］、1000万が10こで［1億(おく)］です。

**2.** 下の線の↑がしめしている数を書きましょう。

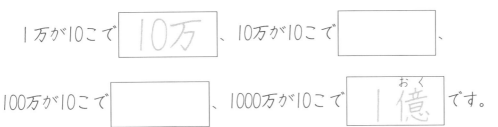

①

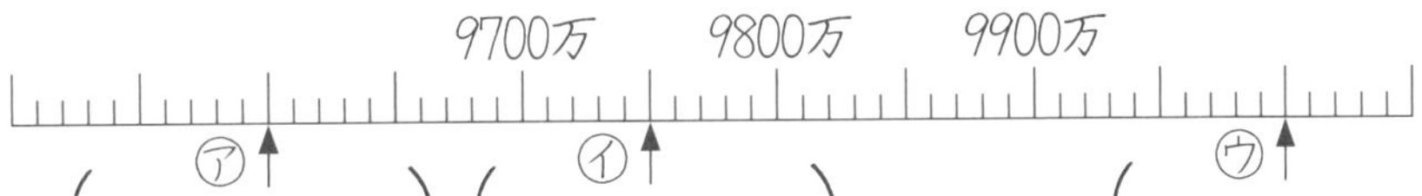


㋐（　　　）　㋑（　　　）　㋒（　　　）

②

㋐（　　　）　㋑（　　　）　㋒（　　　）　㋓（　　　）

**3.** 日本の人口は、およそ127770000人です。読んでみましょう。

| 1 | 2 | 7 | 7 | 7 | 0 | 0 | 0 | 0 |
|---|---|---|---|---|---|---|---|---|
| 一 | 千 | 百 | 十 | 一 | 千 | 百 | 十 | 一 |
| 億(おく) | | | | 万 | | | | |

千万を10こ集(あつ)めた数は、1億(おく)です。
数字で100000000と書きます。
（※0が8こつきます。）

● おうちの方へ ●

1億はとてつもなく大きな数です。ですから、1つずつ数えるのではなく、数の表し方は十進構造になっていることを理解すればいいです。1億以上の大きな数は4年生で学習します。3年生は1億に少しふれるだけです。



【26ページの答え】1 ここ・どこ・この・そう・これ　2 ①どんぐり　②せみ　③にがお絵と手紙

# 文の仕組み 9

## こそあど言葉3

1 次の文の中から、こそあど言葉を五つさがして、横に――を引きましょう。

ぼくは、夏休みに公園でせみのぬけがらを集めました。大きな木の下で、
「ここに、たくさんあるよ。」
と言うと、お父さんが
「どこだい。なるほど。」
と、いっしょに集めてくれました。そして、
「このぬけがらを調べると、自ぜんのかわり方がよくわかるのだよ。」
と言いました。ぼくはびっくりして、
「ふうん。そうなの。これでわかるの。」
と、言いました。

「そうなの」の「そう」もこそあど言葉だよ。

勉強したのは　月　日

終わったら色ぬりしよう

2 次の――は何を指していますか。（　）に指している言葉を書きましょう。

① 遠足でどんぐりをひろった。これを弟にやろう。

（　　　　　　）

② 庭でせみが鳴いている。あれは、くまぜみだ。

（　　　　　　）

③ 母のたん生日に、にがお絵と手紙をおくりました。母は、それを大切にしています。

（　　　　と　　　　）

● おうちの方へ ●

1「こ・そ・あ・ど」で始まる言葉を見つけさせましょう。「そう（なの）」も指示語ですので注意が必要です。2指示語は、それより前に出ている言葉や内容を指していることが多いです。選んだ言葉を指示語の代わりにあてはめてみるとわかります。



【25ページの答え】1．10万・100万・1000万・1億　2．①㋐9600万　㋑9750万　㋒1億　②㋐4000万　㋑6000万　㋒8000万　㋓1億

# かけ算 1

## 12×3の筆算のしかた

| | | |
|---|---|---|
| | 1 | 2 |
| × | | 3 |
| | | |

くらいをそろえて書く。

| | | |
|---|---|---|
| | 1 | 2 |
| × | | 3 |
| | | 6 |

一のくらいにかける。
3×2＝6
6は一のくらい。

| | | |
|---|---|---|
| | 1 | 2 |
| × | | 3 |
| | 3 | 6 |

十のくらいにかける。
3×1＝3
3は十のくらい。

筆算のときは、かける数のだんの九九を使います。

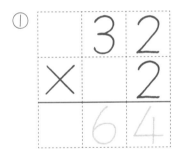

次の計算をしましょう。

①

| | | |
|---|---|---|
| | 3 | 2 |
| × | | 2 |
| | 6 | 4 |

②

| | | |
|---|---|---|
| | 2 | 1 |
| × | | 3 |
| | | |

③

| | | |
|---|---|---|
| | 2 | 2 |
| × | | 4 |
| | | |

④

| | | |
|---|---|---|
| | 3 | 4 |
| × | | 2 |
| | | |

⑤

| | | |
|---|---|---|
| | 1 | 1 |
| × | | 6 |
| | | |

⑥

| | | |
|---|---|---|
| | 3 | 1 |
| × | | 2 |
| | | |

**おうちの方へ**

数字は、枠の中にていねいに書かせましょう。きちんと書く習慣がケアレスミスを少なくします。「12×３」を筆算ですとき、「２×３」「１×３」でなく「３×２」「３×１」とかける数の段の九九を使うといいです。うすい文字はなぞります。

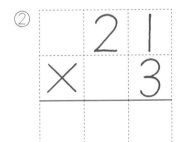

【28ページの答え】（上のだんの左から）祭日・祭り　汽笛・口笛　終点・終わる　学習・習字　合宿・雨宿り
（下のだんの左から）商売・商品　文章　進行・前進　深夜・水深　家族・親族

# 三年生の漢字（かんじ） 1

□に漢字（かんじ）を書きましょう。（　）には漢字（かんじ）と送（おく）りがなを書きましょう。書いてある漢字（かんじ）は、ていねいになぞりましょう。

勉強（べんきょう）したのは　□月　□日

終（お）わったら色ぬりしよう

〔十一画〕

| 漢字 | 音 | 訓 |
| --- | --- | --- |
| 祭 | サイ | まつ-る・まつ-り |
| 笛 | テキ | ふえ |
| 終 | シュウ | お-わる |
| 習 | シュウ | なら-う |
| 宿 | シュク | やど・やど-る |

さいじつ □□
まつり（　　）
きてき □□
くちぶえ □□
しゅうてん □□
おわる（　　）
がくしゅう □□
しゅうじ □□
がっしゅく □□
あまやどり（　　）

| 漢字 | 音 | 訓 |
| --- | --- | --- |
| 商 | ショウ | |
| 章 | ショウ | |
| 進 | シン | すす-む・すす-める |
| 深 | シン | ふか-い |
| 族 | ゾク | |

しょうばい □□
しょうひん □□
ぶんしょう □□
しんこう □□
ぜんしん □□（まえにすすむ）
しんや □□（まよ中、よふけ）
すいしん □□（水のふかさ）
かぞく □□
しんぞく □□（かぞくやしんせき）

**●おうちの方へ●**

「祭」の書き順は「ク タ タ又 タヌ 祭」、「タヌ」の上はあきます。「進」の書き順は「亻（い）亻（の）什（ちょう）隹（さん）に 辶（しんにょう）」と覚えましょう。その他の熟語→「文化祭」「けい笛」「終業式」「練習」「宿題」「宿屋」「商店街」（4年生で学習）「行進」「一族」「水族館」など。



【27ページの答え】①64　②63　③88　④68　⑤66　⑥62

# かけ算 2

勉強(べんきょう)したのは　　月　　日

終わったら色ぬりしよう

## 23×4の筆算(ひっさん)のしかた

| | | |
|---|---|---|
| | 2 | 3 |
| × | | 4 |
| | | |

くらいをそろえて書く。

| | | |
|---|---|---|
| | 2 | 3 |
| × | | 4 |
| | 1 | 2 |

4×3＝12
十のくらいの1を
小さく書く。
一のくらいは2。

| | | |
|---|---|---|
| | 2 | 3 |
| × | | 4 |
| | 9 1 | 2 |

4×2＝8
十のくらいは8と
小さく書いた1を
たす。
8＋1＝9

次(つぎ)の計算をしましょう。

①

| | | |
|---|---|---|
| | 1 | 6 |
| × | | 4 |
| | 2 | 4 |

②

| | | |
|---|---|---|
| | 2 | 7 |
| × | | 2 |
| | | |

③

| | | |
|---|---|---|
| | 1 | 3 |
| × | | 6 |
| | | |

④

| | | |
|---|---|---|
| | 2 | 8 |
| × | | 3 |
| | | |

⑤

| | | |
|---|---|---|
| | 2 | 3 |
| × | | 4 |
| | | |

⑥

| | | |
|---|---|---|
| | 4 | 5 |
| × | | 2 |
| | | |

**おうちの方へ**

一の位のかけ算の答えが2けたになる計算です。補助数字の書き方（書かないことも含めて）は教科書によってちがいますが、上のように書くとまちがいが少なくなります。



【30ページの答え】（上のだんから）第一回　手帳・通帳　回転・転ぶ　都会・都合　行動・動物
（下のだんから）部分・全部　学問・問　飲食・飲　運送・運転　気温・温める

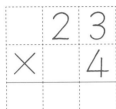

# 三年生の漢字（かんじ） 2

□に漢字（かんじ）を書きましょう。（　）には漢字（かんじ）と送（おく）りがなを書きましょう。書いてある漢字（かんじ）は、ていねいになぞりましょう。

勉強（べんきょう）したのは　□月　□日

終わったら色ぬりしよう

〔十一画〕

- 第　ダイ
  - だいいっかい □□□
- 帳　チョウ
  - てちょう □□
  - つうちょう □□
- 転　テン　ころ-ぶ・ころ-がる
  - かいてん □□
  - ころぶ（　　）
- 都　ト・ツ　みやこ
  - とかい □□
  - つごう □□
- 動　ドウ　うご-く・うご-かす
  - こうどう □□
  - どうぶつ □□

〔十二画〕

- 部　ブ
  - ぶぶん □□
  - ぜんぶ □□
- 問　モン　と-う・と-い
  - ぎもん（わからないこと）ぎ□
- 飲　イン　の-む
  - いんしょく □□
  - いんりょう □料（4年）
- 運　ウン　はこ-ぶ
  - うんそう □□
  - うんてん □□
- 温　オン　あたた-かい
  - きおん □□
  - あたためる（　　）

**おうちの方へ**

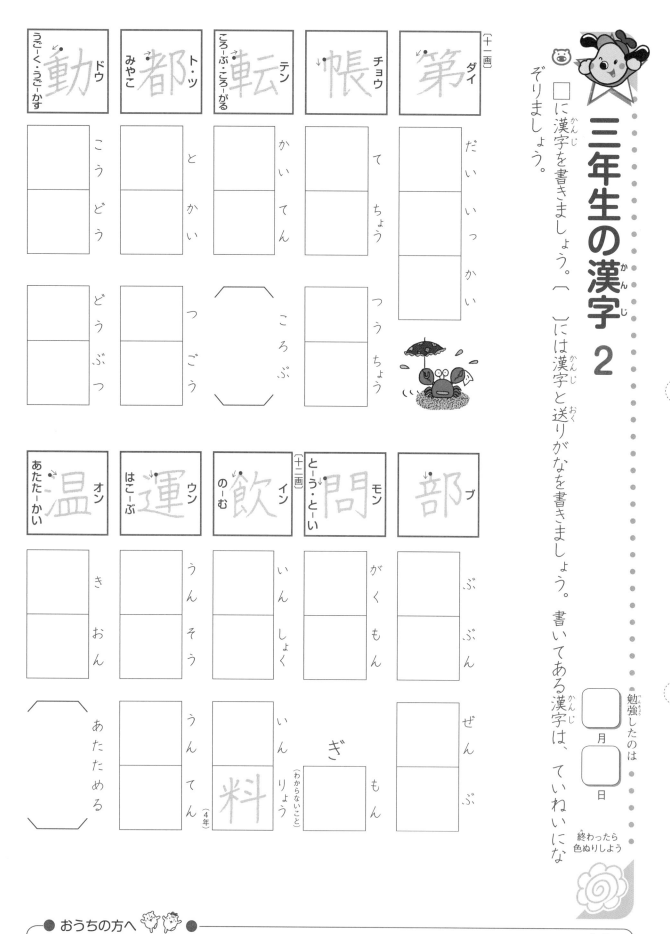

字形に注意→「食」が「へん」になると「飠」と形が変わります。「飲」の２・８・12画目に注意しましょう（飠欠）。「暖」と「温」の違い（重要）：「暖」は気温に関係した場合（暖かい日ざし・暖かい部屋）、「温」はそのもの自体がもつおだやかなあたたかさや気持ちに用います（温かい食事・温かい家族）。「料」は４年生で学習します。



【29ページの答え】①64　②54　③78　④84　⑤92　⑥90

# かけ算 3

勉強したのは　□月　□日
終わったら色ぬりしよう

## 62×3の筆算のしかた

| | | |
|---|---|---|
| | 6 | 2 |
| × | | 3 |
| | | |

くらいをそろえて書く。

| | | |
|---|---|---|
| | 6 | 2 |
| × | | 3 |
| | | 6 |

3×2＝6
6は一のくらいに書く。

| | | |
|---|---|---|
| | 6 | 2 |
| × | | 3 |
| 1 | 8 | 6 |

3×6＝18
8は十のくらいに、1は百のくらいに書く。

次の計算をしましょう。

①

| | | |
|---|---|---|
| | 5 | 1 |
| × | | 6 |
| 3 | 0 | 6 |

②

| | | |
|---|---|---|
| | 9 | 4 |
| × | | 2 |
| | | |

③

| | | |
|---|---|---|
| | 8 | 3 |
| × | | 3 |
| | | |

④

| | | |
|---|---|---|
| | 7 | 1 |
| × | | 7 |
| | | |

⑤

| | | |
|---|---|---|
| | 4 | 0 |
| × | | 5 |
| | | |

⑥

| | | |
|---|---|---|
| | 6 | 2 |
| × | | 4 |
| | | |

**おうちの方へ**

2回目のかけ算の答えが2けたになり、全体の答えが3けたになる計算です。

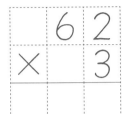

【32ページの答え】（上のだん右から）開店・開始　二階・階　寒波・寒空　期間・時期　毛筆・筆
（下のだん右から）軽・手軽　湖水・湖　空港・港町　虫歯・歯車　集合・集中

# 三年生の漢字 3

□に漢字を書きましょう。書いてある漢字は、ていねいになぞりましょう。

勉強したのは　月　日

終わったら色ぬりしよう

〔十二画〕

| 開 | 階 | 寒 | 期 | 筆 |
|---|---|---|---|---|
| カイ<br>ひら-く・あ-く | カイ | カン<br>さむ-い | キ | ヒツ<br>ふで |

- □□ かいてん（みせをあける）
- □□ かいし
- □□ にかい
- □ かい だん
- □□ かんぱ
- □□ さむぞら
- □□ きかん
- □□ じき
- □□ もうひつ
- えん □ ぴつ

| 軽 | 湖 | 港 | 歯 | 集 |
|---|---|---|---|---|
| ケイ<br>かる-い | コ<br>みずうみ | コウ<br>みなと | シ<br>は | シュウ<br>あつ-める |

- □ けい べつ
- □□ てがる
- □□ こすい
- □ みずうみ
- □□ くうこう
- □□ みなとまち
- □□ むしば
- □□ はぐるま
- □□ しゅうごう
- □□ しゅうちゅう

**おうちの方へ**

字形に注意→「階」は「ヒ」（横一とおれはね）、「ヒ」（ノとまげはね）、「寒」は「寒×」、「歯」（少しあいています）。読み方に注意→「開く」は「あく」とも「ひらく」とも読みます。どちらの読み方かは、文章の中で判断します。その他の熟語→「開発」「寒気」「三寒四温」「絵筆」「軽石」「出港」「集会」「文集」など。



【31ページの答え】①306 ②188 ③249 ④497 ⑤200 ⑥248

言葉が五つかくれているぞ。(れい)のようにくねくねとおれまがって言葉をさがそう。

(れい)

| | | | | | |
|---|---|---|---|---|---|
| じ | か | が | み | ま | お |
| ょ | や | の | も | ち | と |
| は | き | か | ま | だ | し |
| つ | も | ね | く | も | す |
| で | う | の | り | す | ま |

のこった文字を上からじゅん番に読もう。

おとしだま 

じょやのかね 

かがみもち 

はつもうで 

くりすます 

ひみつの□□□□を手に入れろ。

どこに行けば、あるのかしら?
東のおしろにあるって聞いたにゃ。
むかし、にんじゃの里から、悪いおとのさまが取っていったそうにゃ。

47ページにつづく。

答え

まきもの

# おまけ

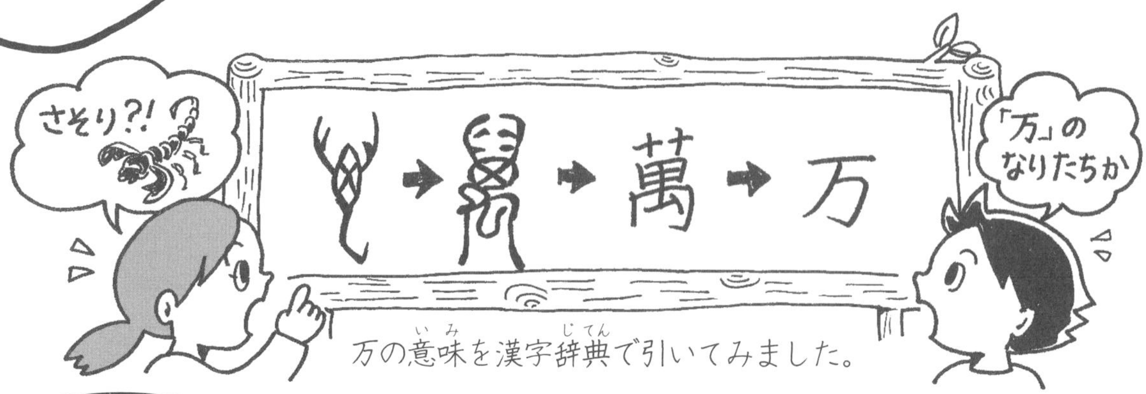


なりたちか

万の意味を漢字辞典で引いてみました。

## 万の意味について調べてみよう

### 意味1《一万》

**万一**（まんいち）➡ほとんどおこりそうにないこと。

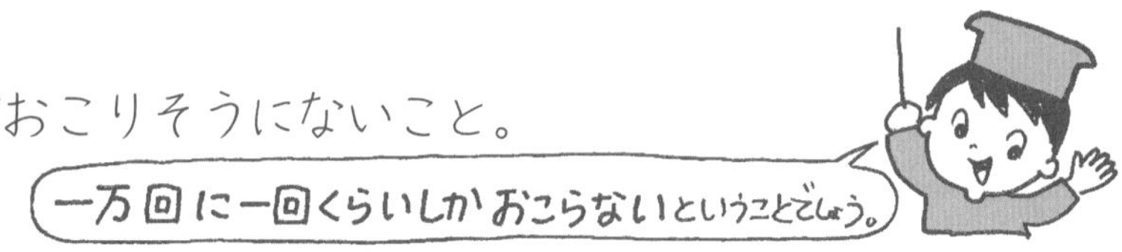

一万回に一回くらいしかおこらないということでしょう。

### 意味2《たいへん多い》

**万国**（ばんこく）➡世界中すべての国。

**万事**（ばんじ）➡ありとあらゆること。

**万人**（ばんにん）➡世の中のありとあらゆる人。

一万人ではありません!

**万年雪**（まんねんゆき）➡高い山の上などで一年中とけることのない雪。

「万年」なんですね。

# かけ算 4

勉強したのは　月　日
終わったら色ぬりしよう

## 85×7の筆算のしかた

| | | |
|---|---|---|
| | 8 | 5 |
| × | | 7 |
| | | |

くらいをそろえて書く。

| | | |
|---|---|---|
| | 8 | 5 |
| × | | 7 |
| | 3 | 5 |

7×5＝35
3は十のくらいに小さく書く。

| | | |
|---|---|---|
| | 8 | 5 |
| × | | 7 |
| 5 | 9 (3) | 5 |

7×8＝56
十のくらいは6＋3で9、百のくらいに5を書く。

次の計算をしましょう。

①

| | | |
|---|---|---|
| | 7 | 5 |
| × | | 5 |
| 3 | 7 (2) | 5 |

②

| | | |
|---|---|---|
| | 8 | 7 |
| × | | 4 |
| | | |

③

| | | |
|---|---|---|
| | 6 | 4 |
| × | | 6 |
| | | |

④

| | | |
|---|---|---|
| | 4 | 2 |
| × | | 9 |
| | | |

⑤

| | | |
|---|---|---|
| | 6 | 3 |
| × | | 7 |
| | | |

⑥

| | | |
|---|---|---|
| | 9 | 3 |
| × | | 8 |
| | | |

**おうちの方へ**

また一段階むずかしくなりました。小さく書いた十の位の数と、2回目にかけ算して出た答えの十の位の数を、忘れずにたさなければなりません。小さい数字は特にていねいに書かせましょう。



【36ページの答え】（上のだん右から）暑　勝負・勝　植物・植える　短気・短い　着地・定着
（下のだん右から）登山・登校　湯・湯飲　対等・上等　童・童話　悲鳴・悲運

# 三年生の漢字 4

□に漢字を書きましょう。（　）には漢字と送りがなを書きましょう。書いてある漢字は、ていねいになぞりましょう。

勉強したのは　月　日

終わったら色ぬりしよう

〔十二画〕

| 暑 | 勝 | 植 | 短 | 着 |
|---|---|---|---|---|
| ショ | ショウ | ショク | タン | チャク |
| あつ-い | か-つ | う-える | みじか-い | つ-く・き-る |

- 残（ざん）□（しょ）（4年）（秋になってもあつさがのこること）
- □□（しょうぶ）
- □□（しょくぶつ）
- □□（たんき）（きがみじかい）
- □□（ちゃくち）
- □利（しょうり）（4年）
- （　　）（うえる）
- （　　）（みじかい）
- □□（ていちゃく）

| 登 | 湯 | 等 | 童 | 悲 |
|---|---|---|---|---|
| ト・トウ | トウ | トウ | ドウ | ヒ |
| のぼ-る | ゆ | ひと-しい | | かな-しい |

- □□（とざん）
- ねっ□（とう）
- □□（たいとう）
- 児（じ）□（どう）（4年）
- □□（ひめい）
- □□（とうこう）
- □□み（ゆのみ）
- □□（じょうとう）
- □□（どうわ）
- □□（ひうん）（かなしいうんめい）

● おうちの方へ ●

字形に注意→「勝」は「𠔉（关×）」、「着」は「𦍌」のように上から一本線は×。「登」と「悲」は書き順に注意しましょう。「短い」の送りがなは「短い（タンい）」と覚えましょう（多いまちがい→「短かい」）。その他の熟語→「優勝」（6年生で学習）「植林」「短時間」「決着」「登場」「等号」「平等」など。



【35ページの答え】①375　②348　③384　④378　⑤441　⑥744

# かけ算 5

## 413×２の筆算のしかた（３けた×１けたの計算）

| | | | |
|---|---|---|---|
| | 4 | 1 | 3 |
| × | | | 2 |
| | | | |

くらいをそろえて書く。

| | | | |
|---|---|---|---|
| | 4 | 1 | 3 |
| × | | | 2 |
| | | | 6 |

一のくらいにかける。
2×3＝6

| | | | |
|---|---|---|---|
| | 4 | 1 | 3 |
| × | | | 2 |
| | | 2 | 6 |

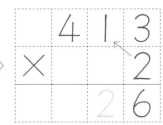

十のくらいにかける。
2×1＝2

| | | | |
|---|---|---|---|
| | 4 | 1 | 3 |
| × | | | 2 |
| | 8 | 2 | 6 |

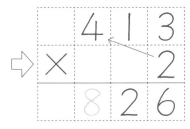

百のくらいにかける。
2×4＝8

一のくらい、十のくらい、
百のくらいと、
じゅんにかけていきます。
2けた×1けたのときと
同じようなやり方ですね。

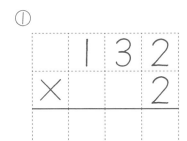

次の計算をしましょう。

①

| | | | |
|---|---|---|---|
| | 1 | 3 | 2 |
| × | | | 2 |
| | | | |

②

| | | | |
|---|---|---|---|
| | 3 | 1 | 2 |
| × | | | 3 |
| | | | |

③

| | | | |
|---|---|---|---|
| | 2 | 2 | 1 |
| × | | | 4 |
| | | | |

**おうちの方へ**

「3けた×１けた」の計算も、３けた目が増えただけで、「2けた×１けた」と同じように考えればよいということがわかればむずかしくありません。このページの問題は九九の答えが１けたです。

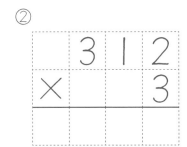

【38ページの答え】（上のだんの右から）遊具・遊ぶ　葉・青葉　太陽・陽気　落下・落とす　暗記・暗い
（下のだんの右から）意見・意味　感心・感動　漢字・悪漢　作業・業　詩人・詩集

# 三年生の漢字 5

□に漢字を書きましょう。（　）には漢字と送りがなを書きましょう。書いてある漢字は、ていねいになぞりましょう。

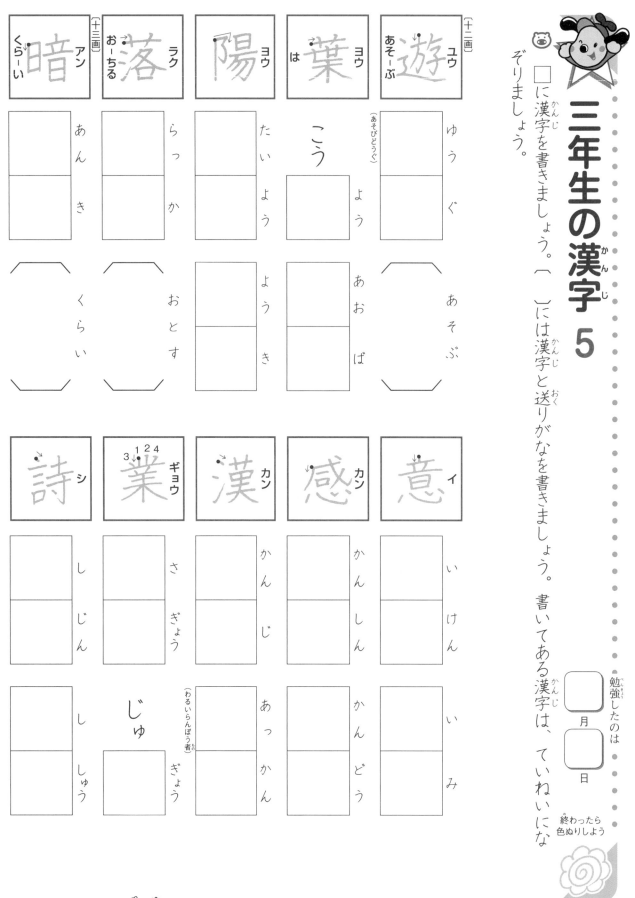

勉強したのは　月　日

終わったら色ぬりしよう

| 漢字 | 音読み | 訓読み | 画数 |
|---|---|---|---|
| 遊 | ユウ | あそ-ぶ | 十二画 |
| 葉 | ヨウ | は | |
| 陽 | ヨウ | | |
| 落 | ラク | お-ちる | |
| 暗 | アン | くら-い | 十三画 |

ゆうぐ（あそびどうぐ）　こうよう　たいよう　らっか　あんき

（あそぶ）　あおば　ようき　（おとす）　（くらい）

| 漢字 | 音読み |
|---|---|
| 意 | イ |
| 感 | カン |
| 漢 | カン |
| 業 | ギョウ |
| 詩 | シ |

いけん　かんしん　かんじ　さぎょう　しじん

いみ　かんどう　あっかん（わるいらんぼう者）　じゅぎょう　ししゅう

● おうちの方へ ●

「落」はくさかんむり（艹）であって、さんずい（氵）ではありません。また送りがなで多いまちがい（「落す」）に注意しましょう。「落ち葉（おちば）」と「落葉（らくよう）」は読み方が違います。
その他の熟語→「遊園地」「若葉」（6年生で学習）「落石」「暗算」「意外」「工業」など。

感　長すぎないように

業　字形に注意



【37ページの答え】①264 ②936 ③884

# かけ算 6

勉強したのは　　月　　日
終わったら色ぬりしよう

## 567×8の筆算のしかた

| | | | |
|---|---|---|---|
| | 5 | 6 | 7 |
| × | | | 8 |
| | | | |

くらいをそろえて書く。

| | | | |
|---|---|---|---|
| | 5 | 6 | 7 |
| × | | | 8 |
| | | 5 | 6 |

一のくらいにかける。
8×7＝56
5を小さく十のくらいに、
6を一のくらいに書く。

| | | | |
|---|---|---|---|
| | 5 | 6 | 7 |
| × | | | 8 |
| | 5 | 3 5 | 6 |

十のくらいにかける。
8×6＝48
48＋5＝53
5を小さく百のくらいに、
3を十のくらいに書く。

| | | | |
|---|---|---|---|
| | 5 | 6 | 7 |
| × | | | 8 |
| 4 | 5 5 | 3 | 6 |

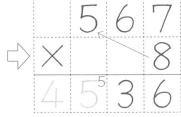

百のくらいにかける。
8×5＝40
40＋5＝45
4を千のくらいに、5を百のくらいに書く。

小さく書いた数字をたすのを
わすれないようにしましょう。

次の計算をしましょう。

①

| | | | |
|---|---|---|---|
| | 6 | 7 | 8 |
| × | | | 4 |
| | | | |

②

| | | | |
|---|---|---|---|
| | 3 | 6 | 9 |
| × | | | 6 |
| | | | |

③

| | | | |
|---|---|---|---|
| | 7 | 5 | 9 |
| × | | | 7 |
| | | | |

**おうちの方へ**

「3けた×1けた」で、途中のたし算でくり上がりが出る計算です。むずかしい問題ですので、ていねいにやらせましょう。②③は2か所でくり上がりがあります。補助数字はきちんと書けているでしょうか。



【40ページの答え】（上のだん右から）鉄道・鉄板　農家・農業　幸福・福　道路・家路　予想・感想
（下のだん右から）駅前・駅員　銀行・銀色　鼻血・鼻声　様子・王様　緑茶・緑色

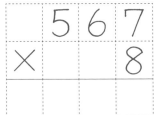

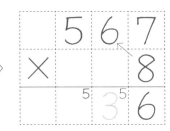

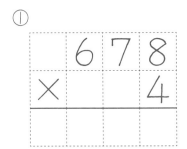

# 三年生の漢字（かんじ） 6

□に漢字（かんじ）を書きましょう。書いてある漢字（かんじ）は、ていねいになぞりましょう。

勉強（べんきょう）したのは　月　日

〔十三画〕

鉄（テツ）　農（ノウ）　福（フク）　路（ロ・じ）　想（ソウ）

- □□ てつどう
- □□ のうか
- □□ こうふく
- □□ どうろ
- □□ ようそう
- □□ てっぱん（てつのいた）
- □□ のうぎょう
- 祝□ しゅくふく
- □□ いえじ（4年）
- □□ かんそう

〔十四画〕

駅（エキ）　銀（ギン）　鼻（はな）　様（ヨウ・さま）　緑（リョク・みどり）

- □□ えきまえ
- □□ ぎんこう
- □□ はなぢ
- □□ ようす
- □□ りょくちゃ
- □□ えきいん
- □□ ぎんいろ
- □□ はなごえ
- □□ おうさま
- □□ みどりいろ

終わったら色ぬりしよう

● おうちの方へ ●

「路」はあしへん（⻊）に「各」（ロという読み方もある）で、道の意味です。「鼻」は自分の顔の中心にあるので、「自」という字がついています。むずかしい読み→「様子（ようす）」「農作物（のうさくぶつ）」。

路　上にはらう
鼻　白ではない
様　上から一本線　はらう
緑　上からつながない　はらう



【39ページの答え】①2712　②2214　③5313

# かけ算 7

勉強したのは　　月　　日

終わったら色ぬりしよう

1．次の計算を筆算でしましょう。

① 277×8

| | | | |
|---|---|---|---|
| | 2 | 7 | 7 |
| × | | | 8 |
| | | 5 | 6 |

② 685×6

③ 127×9

④ 684×6

⑤ 278×4

⑥ 586×7

2．0も他の数と同じように考えて計算しましょう。

① 630×3

| | | | |
|---|---|---|---|
| | 6 | 3 | 0 |
| × | | | 3 |
| | | | 0 |

② 408×5

③ 800×6

● おうちの方へ ●

1．は「3けた×1けた」で一番むずかしい型の問題です。2．は、0をふつうの数と同じように扱えば簡単です。



【42ページの答え】（上のだん右から）練習・練　箱・箱　横・横顔　相談・対談　調子・体調
（下のだん右から）会館・館内　鉄橋・橋　整理・整える　薬品・目薬　題名・話題

# 三年生の漢字（かんじ） 7

□に漢字（かんじ）を書きましょう。（　）には漢字（かんじ）と送（おく）りがなを書きましょう。書いてある漢字（かんじ）は、ていねいになぞりましょう。

勉強（べんきょう）したのは　月　日

終（お）わったら色ぬりしよう

〔十四画〕練　レン　ね-る

れんしゅう　□□

ね□る

〔十五画〕箱　はこ

くすりばこ　薬□

す□ばこ

横　オウ　よこ

おう□だん

よこがお　□□

談　ダン

そうだん　□□

たいだん　□□

調　チョウ　しら-べる

ちょうし　□□

たいちょう　□□

〔十六画〕館　カン　やかた

かいかん　□□

かんない　□□

（大ぜいの人が集（あつ）まるたて物（もの））

橋　キョウ　はし

てっきょう　□□

つり□ばし

整　セイ　ととの-える

せいり　□□

ととのえる　（　　）

薬　ヤク　くすり

やくひん　□□

めぐすり　□□

〔十八画〕題　ダイ

だいめい　□□

わだい　□□

● おうちの方へ ●

「薬」は「艹（くさかんむり）に楽（らく）」と覚えると簡単です。その他の熟語→「訓練」（４年生で学習）「空き箱」「横転」「調整」「薬味」「薬局」など。

橋　はね×　薬　とめ　はらう



【41ページの答え】1．①2216 ②4110 ③1143 ④4104 ⑤1112 ⑥4102
2．①1890 ②2040 ③4800

# 2けたのかけ算 1

勉強したのは　月　日
終わったら色ぬりしよう

ジュースが1箱に24かん入っています。12箱では何かんあるでしょう。

① 計算の式を書きましょう。

式 ☐ × ☐

② 筆算のしかたを考えましょう。

| 百のくらい | 十のくらい | 一のくらい |
|---|---|---|
| | 2 | 4 |
| × | 1 | 2 |
| | 4 | 8 |
| 2 | 4 | |
| 2 | 8 | 8 |

❶ 2×4＝☐
❷ 2×2＝☐
24×2＝☐
❸ 1×4＝☐
❹ 1×2＝☐
24×10＝☐

※ ❸❹の1は十のくらいの1です。
ですから、24×10になります。
※ 筆算では240の0は書きません。

❺ それぞれのくらいの数をたてにたします。

③ 答えを書きましょう。

答え

● おうちの方へ ●

かける数が2けたになっても、書く位置をずらして1けたと同様に計算すればよいことに気づくといいですね。筆算の下から2段目の「24」は「240」だと理解していることが大事です。

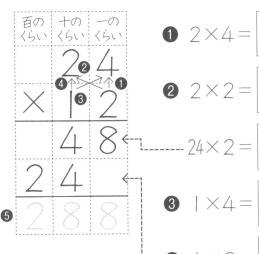

# 漢字の音と訓 1

次の漢字の読みがなを書きましょう。

勉強したのは　月　日

終わったら色ぬりしよう

①
㋐ 去年（　　）
㋑ 去る（　　る）

②
㋐ 指名（名ざしすること）（　　）
㋑ 指先（　　）

③
㋐ 注目（　　）
㋑ 注ぐ（　　ぐ）

④
㋐ 重点（　　）
㋑ 重ねる（　　ねる）

⑤
㋐ 助手（　　）
㋑ 助ける（　　ける）

⑥
㋐ 下流（　　）
㋑ 流す（　　す）

⑦
㋐ 返事（　　）
㋑ 仕事（　　）

⑧
㋐ 温度（　　）
㋑ 温かい（　　かい）

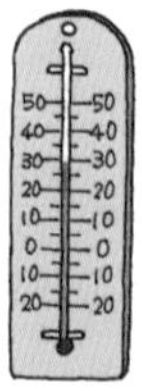

● おうちの方へ ●

漢字の読み方には音と訓があります。「音読み」は、中国から伝わった読み方なので、「キョ」「シ」のように聞いただけでは意味がわかりにくく、「訓読み」は中国から伝わった漢字に日本の言葉をあてはめたので、聞いただけで意味がわかるものが多いです。



【43ページの答え】 ①24×12 ②❶8 ❷4・48 ❸4 ❹2・240 ③288かん

# 2けたのかけ算 2

勉強したのは　月　日
終わったら色ぬりしよう

次の計算をしましょう。

① 43×21

| | | |
|---|---|---|
| | 4 | 3 |
| × | 2 | 1 |
| | | 3 |
| | | |
| | | |

② 23×32

③ 12×43

④ 42×22

⑤ 23×33

**おうちの方へ**

どの計算も九九の答えが１けたです。答えを書く位置（位取り）に十分気をつけさせましょう。このページで２けたのかけ算の筆算の手順が理解できるでしょう。



【46ページの答え】①まなつ・しゃしん　②ようしゅ・さかや　③やまい・びょういん　④たび・りょかん　⑤おくじょう・やね　⑥たま・な・とうきゅう　⑦しゅうぎょうしき・お

# 漢字の音と訓 2

——を引いた漢字の読みがなを（　）に書きましょう。

勉強したのは　月　日

終わったら色ぬりしよう

① 真夏（　　）の　写真（　　）、暑そうだ。

② 洋酒（　　）を　買った　酒屋（　　）さん。

③ 病（　　）を　なおしに　病院（　　）へ。

④ 旅（　　）をして　旅館（　　）に　おとまり。

⑤ 屋上（　　）は　屋根（　　）の　上。

⑥ 球（　　）を　投（　　）げ合い、投球（　　）練習。

⑦ 終業式（　　）、終（　　）わると　うれしい　夏休み。

**おうちの方へ**

辞典やこのプリントでは「音読み」はかたかな、「訓読み」はひらがなに区別して書かれていますが、ふつう読みがなを書くときはすべてひらがなで書きます。習った漢字を使って上のように音読み・訓読み混じりの文を作るのも楽しい学習です。



【45ページの答え】①903 ②736 ③516 ④924 ⑤759

# ナゾトキ☆クエスト ☆にんじゃ へん

ステージ 3

画数の少ない方の漢字(かんじ)を通って、ゴールに行こう。

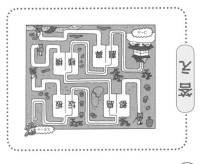

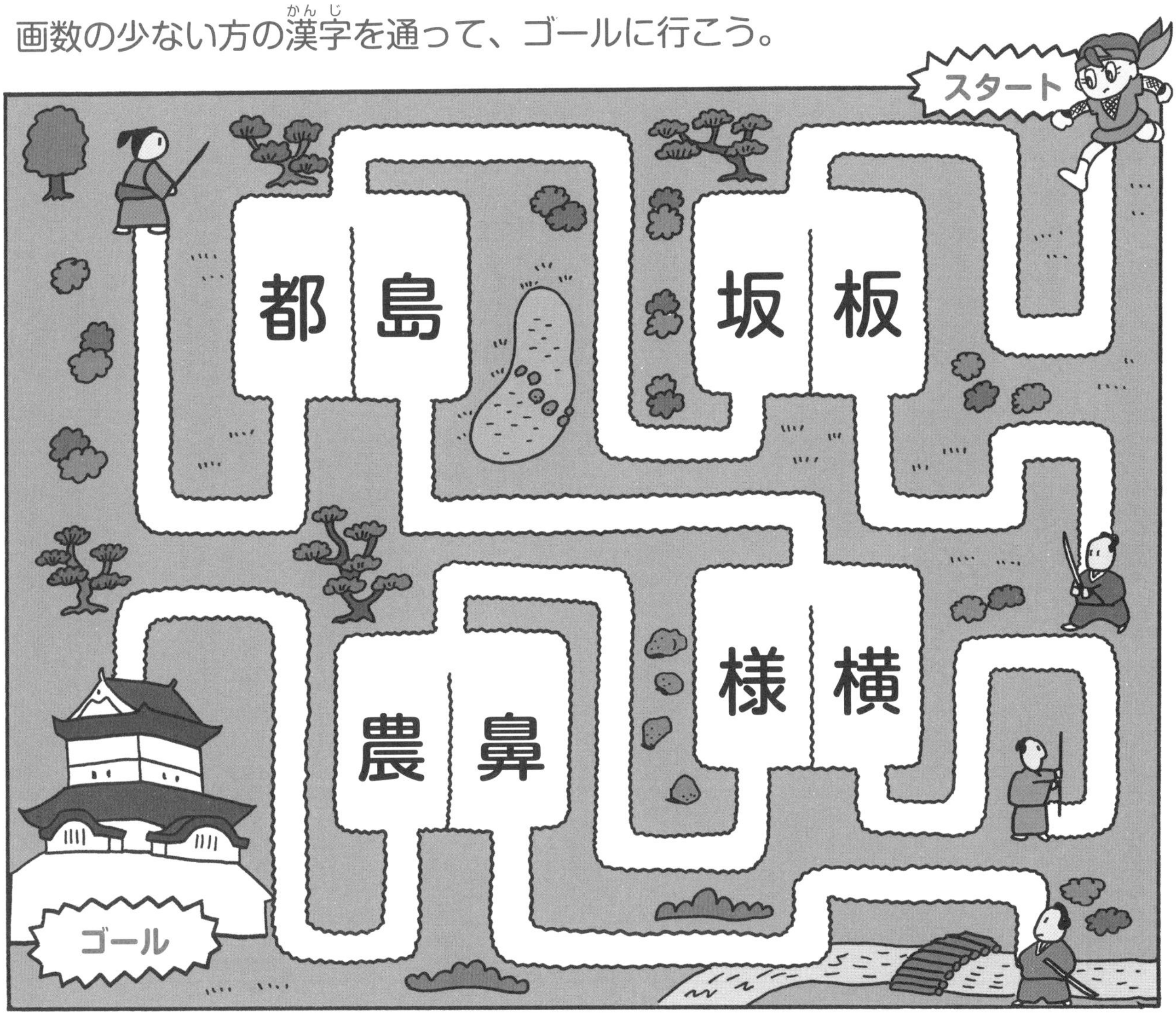


61ページにつづく。

答え

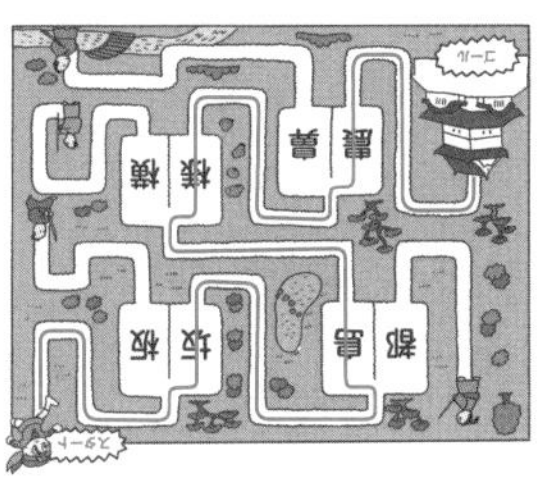

# おまけ

●（電卓）で計算してみよう。

## ふしぎな　けいさん ❶

□の中に**3の段の答え**を入れて計算すると…?!

37×[3]＝111　　37×[　]＝

37×[6]＝222　　37×[　]＝

37×[9]＝　　37×[　]＝

37×[　]＝　　37×[　]＝

37×[　]＝

ふしぎだね！
お友だちにも
教えてあげよう!!

答え

| | |
|---|---|
| 37 × 6 ＝222 | 37 × 18＝666 |
| 37 × 9 ＝333 | 37 × 21＝777 |
| 37 × 12＝444 | 37 × 24＝888 |
| 37 × 15＝555 | 37 × 27＝999 |

# 2けたのかけ算 3

勉強したのは　□月　□日

終わったら色ぬりしよう

筆算のしかたを考えましょう。□に数を書きましょう。

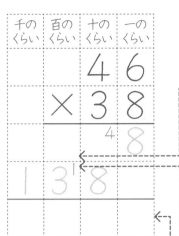

| 千のくらい | 百のくらい | 十のくらい | 一のくらい |
|---|---|---|---|
| | | 4 | 6 |
| | × | 3 | 8 |
| | | [4] | [8] |
| [1] | [3] | [1] [8] | |
| | | | |

❶ 8×6＝□

❷ 8×4＝□　※ 3は百のくらい。

※ 十のくらいは❶で計算した4があります。

32+4＝□

❸ 3×6＝□

※ 答え18の1は、百のくらいに小さく書きます。

❹ 3×4＝□　※ 百のくらいは❸で計算した1があります。

12+1＝13

❺ それぞれのくらいの数をたします。

□

次の計算をしましょう。

① 95×34

| | | | |
|---|---|---|---|
| | | [9] | [5] |
| | [×] | [3] | [4] |
| | | [2] | [0] |
| | | | |
| | | | |

② 87×76

③ 65×53

● おうちの方へ ●

どの計算も九九の答えが2けたです。①補助数字を書くこと、②九九の答えの位取りに注意すること、③補助数字を忘れずにたすこと、とポイントが3つあります。



【50ページの答え】1 ①います ②動物だ ③予定です ④はった ⑤ふあんしています
2 ①イ ②ア ③イ ④ア

# 文の終わりの言い方

## ていねいな言い方・ふつうの言い方

勉強したのは　月　日

終わったら色ぬりしよう

1 ——を引いた言葉を、ふつうの言い方はていねいな言い方、ていねいな言い方はふつうの言い方に書き直しましょう。

① ぼくには、中学生の兄がいる。（　　）

② クジラは、ほにゅう類の動物です。（　　）

③ 来週、なわとび大会の予定だ。（　　）

④ けさ、池に氷がはりました。（　　）

⑤ 冬は、ヘビもカエルも冬みんしている。（　　）

2 ㋐「ふつうの言い方」、㋑「ていねいな言い方」のどちらがよいか、（　）に記号を書きましょう。

① 相手が年上のとき（　　）

② 相手と親しいとき（　　）

③ 相手とあまり親しくないとき（　　）

④ 相手が同じ年や年下のとき（　　）

● おうちの方へ ●

文の終わりの言い方（文末表現）の使い分けの学習です。普段から親しくない人、目上・年上の人たちに対しては、常体文（ふつうの言い方）でなく敬体文（ていねいな言い方）で言えるようにしましょう。また「～あげる」は「やる」のていねいな表現です。ですから「ペットにえさをあげる」は文法上まちがいということになります。



【49ページの答え】❶48 ❷32・36 ❸18 ❹12 ❺1748 ①3230 ②6612 ③3445

# 2けたのかけ算 4

勉強したのは　月　日
終わったら色ぬりしよう

次の計算をしましょう。

① 94×76

```
  9 4
× 7 6
   ²4
```

② 95×54

③ 87×93

④ 48×47

⑤ 67×68

⑥ 75×84

## おうちの方へ

どの九九の答えも2けたになる問題です。また、④～⑥は計算の途中にたし算のくり上がりがあり、むずかしくなっています。速さより正確さが大事です。答えがまちがった場合は、計算途中のどこでまちがったか確かめさせましょう。



【52ページの答え】①のような　②でしょう　③とべません　④しても　⑤いけません　⑥ですか

# 決まった言い方をする言葉 1

太字の部分に気をつけて、（　）に合う言葉を□から一回ずつえらんで書きましょう。

勉強したのは　□月　□日

終わったら色ぬりしよう

① **まるで**、台風（　　　　）強い風だ。

② **たぶん**、マラソン大会は、中止（　　　　）。

③ **全ぜん**、とび箱が（　　　　）。

④ **たとえしっぱい**（　　　　）、くじけるな。

⑤ **決して**、おやつを食べすぎては（　　　　）。

⑥ **なぜ**、君はおこっているの（　　　　）。

| |
|---|
| いけません |
| ですか |
| のような |
| でしょう |
| しても |
| とべません |

**おうちの方へ**

副詞（動詞や形容詞の意味を強めたり、詳しくする言葉）の中には、「きっと～だろう」のように後ろの言葉（受ける言葉）が決まっているものがあります。ここでは前の言葉（副詞）から組になる後ろの言葉を考える学習です。近ごろさかんに使われる「全ぜん～します」は本来誤用です。



【51ページの答え】①7144　②5130　③8091　④2256　⑤4556　⑥6300

# 2けたのかけ算 5

勉強したのは　月　日
終わったら色ぬりしよう

次の計算をしましょう。

① 39×65

| | | | |
|---|---|---|---|
| | | 3 | 9 |
| | × | 6 | 5 |
| | | 4 | 5 |
| | | | |
| | | | |

② 78×56

③ 98×68

④ 53×59

⑤ 64×79

● おうちの方へ ●

3段目と4段目をたすとき、くり上がりが多くあります。確実に正解できるよう、ていねいに取り組ませましょう。



【54ページの答え】①少しも　②おそらく　③どうか　④まさか　⑤もし　⑥ちょうど

# 決まった言い方をする言葉 2

太字の部分に気をつけて、（　）に合う言葉を□から一回ずつえらんで書きましょう。

勉強したのは　月　日

終わったら色ぬりしよう

① ぼくは（　　）おもしろいとは**思わない**。

② （　　）今夜はごちそう**だろう**。

③ （　　）この品物をお受け取り**ください**。

④ （　　）そんな大雨はふら**ないだろう**。

⑤ （　　）せいこうし**たら**、パーティーをしよう。

⑥ あの池は（　　）ひょうたん**みたいだ**。

| |
|---|
| どうか |
| もし |
| おそらく |
| ちょうど |
| まさか |
| 少しも |

「まさか～ないだろう」は、打ち消しの予そうだよ。

**おうちの方へ**

ここでは、52ページの反対で、決まった言い方で後ろの言葉（受ける言葉・太字部分）から組になる前の言葉を考える学習です。①には打ち消しの文末と組になる「少しも」が入りますが、52ページで学習した「まるで」も、これと同じ使い方をする場合があります。④は一般的には「おそらく」もあてはまりますが、「おそらく」は他のところで使うのでここでは×です。



【53ページの答え】①2535　②4368　③6664　④3127　⑤5056

# 2けたのかけ算 6

勉強したのは　月　日
終わったら色ぬりしよう

次の計算をしましょう。

① 64×48

| | | | |
|---|---|---|---|
| | | 6 | 4 |
| | × | 4 | 8 |
| | | 3 | 2 |
| | | | |
| | | | |

② 37×89

③ 59×69

④ 67×96

⑤ 88×59

● おうちの方へ ●

2けたの計算にも慣れてきましたか。急ぐと筆算にするとき数字を写しまちがえたり、たし算でまちがったりします。



【56ページの答え】 1①㋐ ②㋑ ③㋑ 2①ような ②ようだ ③みたいに

# たとえた言い方 1

勉強したのは　　月　　日

1 次の文で、たとえた言い方をしている方に○をつけましょう。

① ㋐（　　）赤ちゃんの手は、ちょうどもみじのような形だ。
　 ㋑（　　）この木は、どうもかれているようだ。

② ㋐（　　）明日は、雪になるみたいだ。
　 ㋑（　　）この犬は、まるでぬいぐるみみたい。

③ ㋐（　　）兄のように、早くおきよう。
　 ㋑（　　）水道の水が、氷のようにつめたい。

2 （　）に合う言葉を、下の□から一回ずつえらんで書きましょう。

① かの鳴く（　　　　）小さい声だ。

② ゆう勝なんて、まるでゆめの（　　　　）。

③ 父は、くま（　　　　）行ったり来たりしている。

| |
|---|
| ようだ |
| みたいに |
| ような |

終わったら色ぬりしよう

● おうちの方へ ●

物事を説明するときに、それに似た物を例にあげることを比喩表現といいます。「まるで〜みたいな」「ちょうど〜のような」などと「まるで」「ちょうど」と連動することが本来の使い方ですが、2の問題のように、「〜のような」「〜みたいに」だけでもよく使われます。



【55ページの答え】①3072 ②3293 ③4071 ④6432 ⑤5192

# 2けたのかけ算 7

勉強(べんきょう)したのは　□月　□日
終わったら色ぬりしよう

筆算(ひっさん)のしかたをくふうしましょう。

㋐ 36×40

| | | | |
|---|---|---|---|
| | | 3 | 6 |
| | × | 4 | 0 |
| | | 0 | 0 |
| 1 | 4 | 4 | |
| 1 | 4 | 4 | 0 |

⇨ ㋑

| | | | |
|---|---|---|---|
| | | 3 | 6 |
| | × | 4 | 0 |
| 1 | 4 | 4 | 0 |

×0の答えは0なので、一のくらいの0だけ書いて次(つぎ)の計算（×4）をします。㋐の3、4だん目の部分(ぶぶん)をはぶきます。

上の㋑のようなやり方で計算しましょう。

① 32×30

| | | |
|---|---|---|
| | 3 | 2 |
| × | 3 | 0 |
| | | 0 |

② 43×20

| | | |
|---|---|---|
| | | |
| | | |
| | | |

③ 73×90

| | | | |
|---|---|---|---|
| | | | |
| | | | |
| | | | |

④ 54×70

| | | | |
|---|---|---|---|
| | | | |
| | | | |
| | | | |

**おうちの方へ**

かける数に0がある場合、計算を省略する練習です。0をつけわすれないように。



【58ページの答え】①たきのように　②山のように　③バケツをひっくり返したような
④キリンのように　⑤絵にかいたような

# たとえた言い方 2

（　）に合う言葉を、□からえらんで書きましょう。

① マラソンの後、（　　　　）あせが流れた。

② つくえの上には、（　　　　）本がつみ上げられていた。

③ （　　　　）大雨になっている。

④ あのバレーボールのせん手は（　　　　）せが高い。

⑤ （　　　　）美しいけしきにうっとりした。

| |
|---|
| バケツをひっくり返したような　キリンのように<br>絵にかいたような　たきのように　山のように |

勉強したのは　　月　　日

終わったら色ぬりしよう

● おうちの方へ ●

比喩表現を使うと、場面やものごとの様子が印象深く伝わり、表現豊かな文になります。ここでは典型的な言い方を出しています。

【57ページの答え】①960　②860　③6570　④3780

# 2けたのかけ算 8

勉強したのは　月　日
終わったら色ぬりしよう

筆算のしかたをくふうしましょう。

5×37

| | | |
|---|---|---|
| | | 5 |
| × | 3 | 7 |
| | 3 | 5 |
| 1 | 5 | |
| 1 | 8 | 5 |

→

37×5

| | | |
|---|---|---|
| | 3 | 7 |
| × | | 5 |
| 1 | 8 | 5 |

かけ算は、かけられる数とかける数を入れかえても答えは同じです。

かけられる数とかける数を入れかえたやり方で計算しましょう。

① 2×23

| | | |
|---|---|---|
| | 2 | 3 |
| × | | 2 |
| | | |

② 6×64

③ 9×71

④ 7×89

**おうちの方へ**

かけ算は、かけられる数とかける数を入れかえて計算しても答えは同じ（交換の法則）という性質を利用した計算方法です。計算が楽にできる方法を考えるのも楽しいですよ。



【60ページの答え】①③⑤⑥

# 「たぶん○○だ」と思う言い方

次の文で、「たぶん○○だろう」と思っている言い方に○をつけましょう。

勉強したのは　月　日

終わったら色ぬりしよう

① (　　) このかきは、きっとあまいだろう。

② (　　) おじいちゃんがお年玉をくれた。

③ (　　) 今にも雨がふり出しそうだ。

④ (　　) 母は、いつも七時ごろに帰ってきます。

⑤ (　　) どうも、足をくじいたらしい。

⑥ (　　) このストーブは、こわれたようだ。

**おうちの方へ**

「たぶん○○だ」と思っている言い方の中には、③のように予想する文と、①⑤⑥のように今の事態を推測する文との両方があります。語尾は「～だろう」「～そうだ」「～ようだ」「～らしい」がありますが、「～そうだ」は伝聞の文（64ページ）にも使われますので注意しましょう。



【59ページの答え】①46　②384　③639　④623

ふだの漢字の部分と、下の部屋の漢字を組み合わせてみよう。
一つだけ新しい漢字ができるぞ！　その部屋が正かいだ！
貝
日
禾
宀
糸
辶
東
西
南
北


75ページにつづく。

答え
糸と東で「練」

# おまけ

● 電卓で計算してみよう。

## ふしぎな　けいさん ❷

数字にひみつが
かくれているよ！

どうしてかしら？
ふしぎだね。

(れい)

$$\begin{cases} 32 \times 46 = 1472 \\ 64 \times 23 = 1472 \end{cases}$$

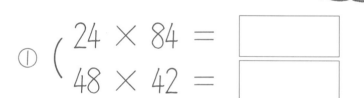

① $24 \times 84 =$ ＿＿＿＿
　 $48 \times 42 =$ ＿＿＿＿

② $43 \times 68 =$ ＿＿＿＿
　 $86 \times 34 =$ ＿＿＿＿

③ $13 \times 62 =$ ＿＿＿＿
　 $26 \times 31 =$ ＿＿＿＿

**答え**

① $24 \times 84 = 2016$
　 $48 \times 42 = 2016$

② $43 \times 68 = 2924$
　 $86 \times 34 = 2924$

③ $13 \times 62 = 806$
　 $26 \times 31 = 806$

# 2けたのかけ算 9

勉強したのは　□月　□日
終わったら色ぬりしよう

筆算のしかたを考えましょう。□に数を書きましょう。

| 千のくらい | 百のくらい | 十のくらい | 一のくらい |
|---|---|---|---|
| | 2 | 1 | 3 |
| × | | 3 | 2 |
| | 4 | 2 | 6 |
| 6 | 3 | 9 | |
| | | | |

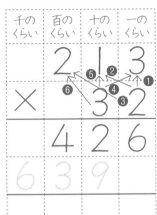

❶❷❹❺は（2けた）×（2けた）のときと同じです。

❶ 2×3＝□

❷ 2×1＝□

❸ 2×2＝□

❹ 3×3＝□

※ 9は十のくらいに書きます。

❺ 3×1＝□

❻ 3×2＝□

❼ それぞれのくらいの数をたします。

□

次の計算をしましょう。

① 326×11

| | | | |
|---|---|---|---|
| | 3 | 2 | 6 |
| × | | 1 | 1 |
| | | | |
| | | | |
| | | | |

② 214×53

| | | | | |
|---|---|---|---|---|
| | | 2 | 1 | 4 |
| | × | | 5 | 3 |
| | | | | |
| | | | | |
| | | | | |

**おうちの方へ**

計算の順序を確かめながら、ゆっくりやらせましょう。



【64ページの答え】 1 ①イ ②ア ③ア ④イ 2 ①十年前、このあたりは森だったそうだ。 ②あの店のケーキはおいしいそうだ。 ③あの川の水は、きれいになったそうだ。

# 聞いたことをつたえる言い方

勉強したのは　月　日

終わったら色ぬりしよう

1 次の文は、㋐「たぶん○○だと思っている言い方」、㋑「聞いたことをつたえる言い方」のどちらですか。（　）に記号を書きましょう。

①（　）午後から雨がふるそうだ。

②（　）午後から雨になりそうだ。

③（　）今度の実けんは、おもしろそうだ。

④（　）あのえい画は、とてもおもしろいそうだ。

2 次の文の終わりを「〜そうだ」にして、聞いたことをつたえる文にしましょう。

① 十年前、このあたりは森だった。

（　　　　　　　　　　）

② あの店のケーキはおいしそうだ。

（　　　　　　　　　　）

③ あの川の水は、きれいになったみたいだ。

（　　　　　　　　　　）

「〜そうだ」をつける
前の言葉の形に
気をつけよう。


● おうちの方へ ●

人から聞いたことを伝える言い方（伝聞）は、文末に「〜そうだ」をつけます。予想した言い方の「〜そうだ」とのちがいは、「〜そうだ」の直前の言葉の形です。伝える言い方は「終止形の言葉」の後につきます。「お知らせする（伝える）言い方で言ってみて」と、口で言わせてみるとわかりやすいです。



【63ページの答え】❶6 ❷2 ❸4 ❹9 ❺3 ❻6 ❼6816
①3586 ②11342

# 2けたのかけ算 10

勉強したのは　月　日
終わったら色ぬりしよう

次の計算をしましょう。

① 203×57

② 224×68

③ 356×35

④ 479×68

**おうちの方へ**

けた数が大きくなって、計算が複雑なようにみえますが、63ページのように順にやっていけばどんなに数が大きくなってもかけ算はできます。このページも①から④になるにつれて九九の答えが2けたになる計算がふえています。



【66ページの答え】①年神様　②米や果物などをよく実らせてくれる、農業の神様。
③今年もまたほう作でありますようにということ。

# せつ明文の読み取り 1

勉強したのは　月　日

終わったら色ぬりしよう

## お正月さん①

みなさんは、お正月はお正月さんという神様が来る日だ、という話を聞いたことがありますか。

お正月さんというのは、「年神様」とも言い、米や麦などをよく実らせてくれる、農業の神様だと言われています。

人びとは、大みそかになると、お正月さんをむかえる用意をして元日を待ちます。

元日の朝、お正月さんをむかえると、農家の人たちは、今年もまたほう作でありますようにとおねがいをし、ぞうにやおせちりょう理を食べておいわいをします。

※ほう作…作物がよく実ること。

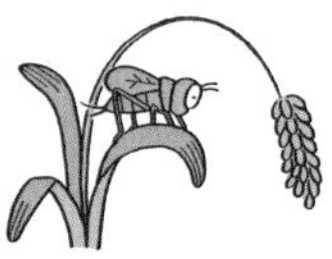

上の文章を読んで、次の問いに答えましょう。

① お正月さんは、何という神様ですか。

② その神様は、どんな神様ですか。

（米　　　　の神様。）

③ お正月さんをむかえると、農家の人たちは、どんなことをおねがいするのですか。

（　　　　）

上の文の中から問いと同じ言葉を見つけよう。

● おうちの方へ ●

読解問題は文中の言葉で設問に答えることが基本です。③は提示された上の文章の中から設問と同じ言葉を見つけ、それに続く部分から答えの文を見つけましょう。①②は３年生のまとめという意味で、基本から少しだけ発展した質問のしかたをしています。



【65ページの答え】①11571　②15232　③12460　④32572

# わり算の筆算(ひっさん) 1

勉強(べんきょう)したのは　月　日
終わったら色ぬりしよう

86÷2を筆算(ひっさん)でしましょう。

《書くじゅん番》

| | | |
|---|---|---|
| | 8 | 6 |

↓

| | | |
|---|---|---|
| | )8 | 6 |

↓

| | | |
|---|---|---|
| | )8 | 6 |

↓

| | | |
|---|---|---|
| 2 | )8 | 6 |

《計算のじゅん番》

| | | | | 十のくらい | 一のくらい |
|---|---|---|---|---|---|
| | 4 | 3 | ← | ①立てる | ⑤立てる |
| 2 | )8 | 6 | | | |
| | 8 | ↓ | ← | ②かける | ④おろす |
| | | 6 | ← | ③ひく | ⑥かける |
| | | 6 | | | ⑦ひく |
| | | 0 | | | |

表のせつ明は下の□の中の同じ番号(ばんごう)のところを見てネ。

86の十のくらいの上に、商(しょう)が立つことをたしかめる。

① 答えに何を立てるか考える。
8÷2をする。
**4を立てる**

② 2×4をする。
**かける**
答えの8を十のくらいに書く。

③ 8−8をする。
**ひく**

④ 一のくらいの6を下に書く。
**おろす**

⑤ 6÷2を考える。
**3を立てる**

⑥ 2×3をする。
**かける**

⑦ 6−6をする。
**ひく**

● おうちの方へ ●

十の位、一の位ともにわり切れる簡単なわり算です。これでわり算の手順をしっかり身につけると、もっとむずかしくなっても、早く理解できます。

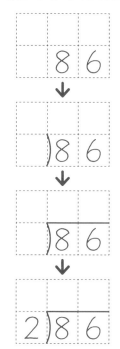

【68ページの答え】①天　②㋐お正月さま（神様）がおりてくるときの目じるし。
㋑神様のための場所だというしるし。　③元日の朝

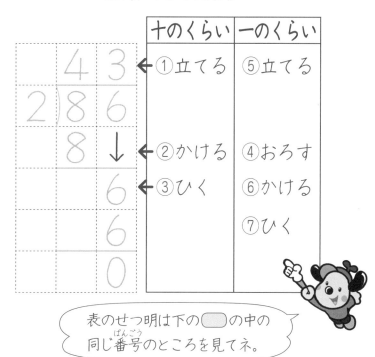

# せつ明文の読み取り 2

勉強したのは　月　日

終わったら色ぬりしよう

## お正月さん②

では、人びとは、どのようにしてお正月さんをむかえるのでしょうか。

むかしの人は、お正月さんが天から下りてくるのに、木を目じるしにすると考えました。それで、お正月さんが下りて来るときの目じるしになるよう、かどまつを立てたのです。

しめなわは、神様のためのい場所だというしるしです。かがみもちは、神様へのそなえ物です。

こうして元日の朝、お正月さんをむかえます。

上の文章を読んで、次の問いに答えましょう。

① むかしの人は、お正月さんがどこから来ると考えましたか。

□

② 「かどまつ」や「しめなわ」には、どんな意味がありますか。

㋐ かどまつ…（　　）

㋑ しめなわ…（　　）

③ お正月さんは、いつやってきますか。

（　　）

**おうちの方へ**

①と②の㋑「しめなわ」の答えは、基本通り設問と同じ言葉の後に続く文章中から見つけられます。②の㋐「かどまつ」や③は、設問と同じ言葉の直前の文中に答えがあります。このように、文の書き方によって、設問の答えがある範囲は広がってきます。

# わり<ruby>算</ruby>の<ruby>筆算</ruby> 2

勉強したのは　月　日

終わったら色ぬりしよう

計算をしましょう。

①

```
   12
4)48
  4
   8
   8
   0
```

②

```
3)69
```

③

```
2)64
```

④ 93÷3

⑤ 42÷2

⑥ 84÷4

● おうちの方へ ●

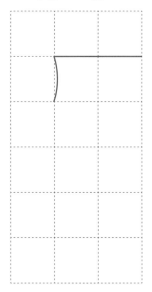

④～⑥は横式を筆算形式に書き直して計算します。枠の中にきちんと数字を入れるようにさせましょう。



【70ページの答え】①神様にそなえた木のえだにさした小さなもち　②お年玉
③お正月さんが、一人ひとりに幸せを分けてくれるという考え　④お年玉

# せつ明文の読み取り 3

勉強したのは　月　日

終わったら色ぬりしよう

## お正月さん③

さて、みなさんがお正月にもらうお年玉は、なぜそうよぶのでしょう。

元日の朝、神様にそなえた木のえだにさした丸い小さなもちを家族の一人ひとりに配る地方があります。そこでは、このもちをお年玉とよんでいます。お正月さんが、一人ひとりに幸せを分けてくれると考えて、つづけられてきたならわしです。

今ではこのならわしは少なくなりましたが、お年玉とは、もともとはそんな意味だったのです。

※ならわし…むかしからつづいているやり方。

上の文章を読んで、次の問いに答えましょう。

① ——線「このもち」は、どんなもちですか。

（　　　　　　）

② そのもちのことを、何とよんでいますか。

③ このならわしは、どのような考えでつづけられてきたのですか。

（　　　　　　）

④ 上の話は、何について書かれていますか。

**おうちの方へ**

「そう」「そこ」「この」「そんな」などの指示語がポイントとなる文章となっています。指示語は、直前にある内容や言葉を指しています。文を読み取るうえで、指示語が何を指しているのかわかることが重要な力となります。



【69ページの答え】①12　②23　③32　④31　⑤21　⑥21

# 小数 1

べんきょう
勉強したのは　月　日
終わったら色ぬりしよう

Ｌますを10等分した１目もり分は0.1Ｌです。
れい点一リットルと読みます。

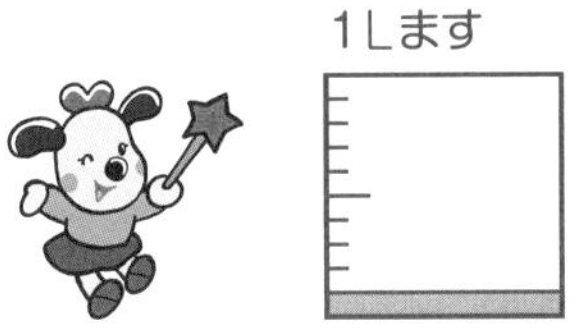

0.1L（れい点一リットル）

**1．** 次のかさは、何Lでしょう。

① 0.1Lの3つ分　（　　　L）

② 0.1Lの7つ分　（　　　L）

③ 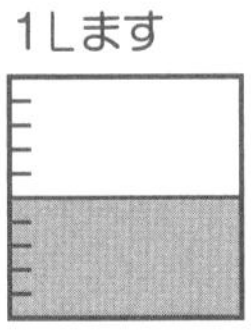

（　　　L）

④ 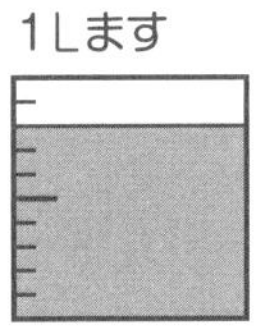

（　　　L）

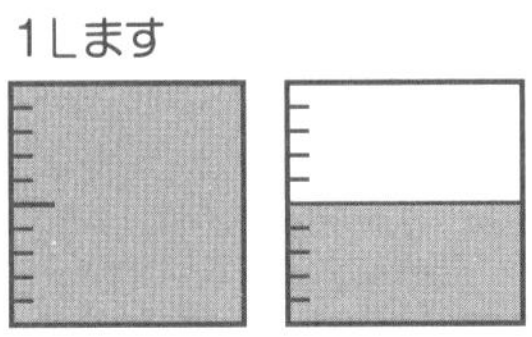


1Lと0.5Lを合わせると、1.5Lになります。**一点五リットル**と読みます。

**2．** かさは、何Lでしょうか。

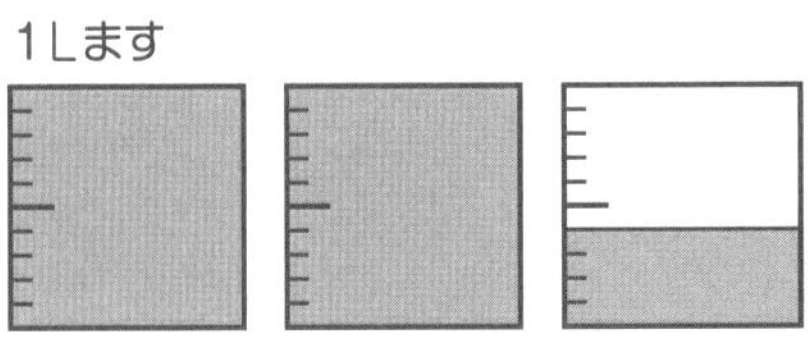


（　．　L）

**おうちの方へ**

3年生で小数を初めて学習します。小数になると数の大きさを理解するのがむずかしくなります。図を見ながら考えさせましょう。



【72ページの答え】①㋐ことり　㋑ふとん　㋒さら　㋓しおり　②おちば・どんぐり　③㋒

# 詩の読み取り

勉強したのは　月　日

終わったら色ぬりしよう

## おちば

おちばを　あ　にして
そらへ　とばしたのは
いたずら　きたかぜ

おちばを　い　にして
はるまで　ねるのは
やまの　どんぐり

おちばを　う　にして
ままごと　したのは
ふたりの　いもうと

おちばを　え　にして
ぼくは　ほんの　あいだに
あきを　しまいます

（「かあさんかあさん」三越三千夫・国土社）

上の詩を読んで、次の問いに答えましょう。

① □あ～えの中は、どんな言葉が合いますか。□からえらんで書きましょう。

あ…（　　　）　い…（　　　）

う…（　　　）　え…（　　　）

| さら　ふとん　しおり　ことり |
|---|

② 秋のきせつを表す言葉を二つ書きましょう（「あき」のほかに）。

（　　　）（　　　）

③ ——線「あきを　しまいます」という言葉から、作者のどんな気持ちがわかりますか。○をつけましょう。

ア（　）秋がすぎてほっとしている。

イ（　）秋のことは早くわすれたい。

ウ（　）大すきな秋が終わるのが少しさみしくて、なごりおしい。

**おうちの方へ**

詩はいくつかのかたまりに分かれていて、それを「連」といいます。上の詩は四連が「おちばを○○にして」の繰り返しによって、それぞれが秋の終わりを感じている様子が情感豊かに表されています。第四連の作者の過ぎゆく秋を惜しむ情感を読み取りましょう。



【71ページの答え】1. ①0.3L　②0.7L　③0.5L　④0.8L　2. 2.4L

# 小数 2

勉強(べんきょう)したのは　　月　　日

終わったら色ぬりしよう

0.1、0.5、1.4などを小数といいます。数の間の「.」を**小数点**といいます。小数点の右のくらいを**小数第一位**(しょうすうだいいちい)といいます。または、$\frac{1}{10}$**の位**(くらい)といいます。

| 一のくらい | 小数第一位 |
| --- | --- |
| 0. | 5 |
| 1. | 4 |

「$\frac{1}{10}$の位(くらい)」ともいう

小数点

**1.** 次(つぎ)のかさだけ色をぬりましょう。

① 0.3L　1Lます

② 1.7L　1Lます

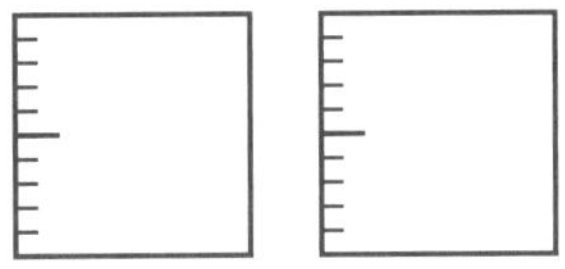

③ 2.4L　1Lます

**2.** 次(つぎ)の数を書きましょう。

① 0.1を8こ集(あつ)めた数　(　　　　)

② 1と0.3を合わせた数　(　　　　)

③ 0.1を15こ集(あつ)めた数　(　　　　)

④ 0.1を9こと2を合わせた数　(　　　　)

● おうちの方へ ●

0.5は、一の位は0で、小数第一位が5だから、「0より小さい」とかんちがいする子がいます。そんな子には 1Lます が空っぽが0だと教えるといいでしょう。

# 物語文の読み取り 1

勉強したのは　月　日

終わったら色ぬりしよう

くまとやまねこ

ある朝、くまはないていました。なかよしのことりがしんでしまったのです。

くまは森の木をきって、小さな箱をつくりました。木の実のしるで箱をきれいな色にそめ、なかに花びらをしきつめました。

それから、くまはことりをそっと、箱のなかにいれました。

ことりは、ちょっとひるねでもしてるみたいです。さんご色のはねはふんわりしているし、黒い小さなくちばしはオニキスという宝石そっくりに、つやつやしています。

（「くまとやまねこ」湯本香樹実・河出書房新社）

上の文章を読んで、次の問いに答えましょう。

① なぜくまはないていたのですか。

（　　　　）

② しんでしまったことりに、くまはどんなことをしてあげましたか。書いてある部分の横に線を引きましょう。

③ ことりは、どんなようすでしたか。

（　　　　みたい。）

④ くまは、ことりのことをどのくらいなかよしだと思っていましたか。

㋐（　）大ぜいのなかよしの中のひとり。

㋑（　）とても大すきなかけがえのないともだち。

㋒（　）ちょっとなかよしなだけ。

● おうちの方へ ●

3年生のまとめの時期の物語文の読み取りです。情景をしっかり心に思い浮かべながら読み取れるでしょうか。「くまとやまねこ」は、かけがえのない大切なひとを失ったときの深い深い悲しみと、よみがえってくることりとの楽しい日々、くまの悲しみによりそうやまねこの姿と、立ち直るくまの心を描いた、深い余韻を残す感動的な作品です。ぜひ全文を読んでみてください。



【73ページの答え】1. ①　②　③　2. ①0.8　②1.3　③1.5　④2.9

# ナゾトキ☆クエスト　にんじゃ へん

これがまきものね。
何者じゃ!?
し…しまった!
もう、にげられんぞ!!


□の中に言葉を入れてね。
（ひらがなで答えよう）

ねこに ④□□□

花より ③□□□

七転び □②□□

のれんに □□①□□

ヒント
ことわざだよ！

①②③④□□□□で
にげろ!!

＊ことわざがわからないときは、じしょで調べましょう。

89ページから算数がはじまるよ！

答え

のれんに うでおし

七転び やおき

花より だんご

ねこに こばん

おおだこ

# おまけ

●ふくざつな計算をかんたんにする**ウラわざ**

★ 15×4＝60 を つかって 計算を かんたんにするウラわざ！

もんだい

15×16＝15×4×4
（60）
＝60×4
＝240

**ポイント** 15×4を見つけよう！
16を4×4と考えれば
問題の中に15×4を
見つけられてかんたんにとける!!

★ 25×4＝100 を つかって 計算を かんたんにするウラわざ！

もんだい

25×12＝25×4×3
（100）
＝100×3
＝300

**ポイント** 25×4を見つけよう！
12を4×3することに
気づいたかな?!

**チャレンジ**

ウラわざをつかってといてみよう！

①15×28＝　　②25×36＝

**答え**

①15×28＝15×4×7
（60）
＝60×7
＝420

②25×36＝25×4×9
（100）
＝100×9
＝900

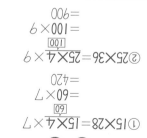

# 小数 3

勉強したのは　　月　　日
終わったら色ぬりしよう

**1.** ソースが1.2Lあります。0.7Lたすと、何Lになるでしょう。

式　1.2＋0.7＝

答え＿＿＿＿＿＿＿＿

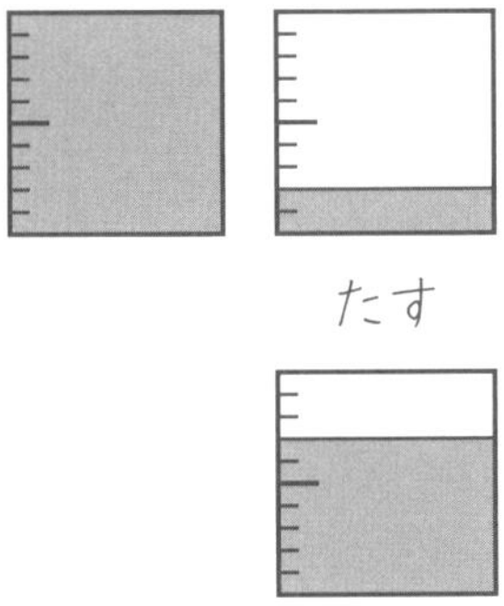


| | | |
|---|---|---|
| | 1. | 2 |
| ＋ | 0. | 7 |
| | 1. | 9 |

① くらいをそろえて書く。
② 同じくらいをたす。
③ 答えに小数点をうつ。

**2.** 計算をしましょう。

①
| | | |
|---|---|---|
| | 0. | 3 |
| ＋ | 0. | 4 |
| | 0. | 7 |

②
| | | |
|---|---|---|
| | 0. | 5 |
| ＋ | 0. | 2 |
| | | |

③
| | | |
|---|---|---|
| | 1. | 6 |
| ＋ | 0. | 3 |
| | | |

④
| | | |
|---|---|---|
| | 0. | 8 |
| ＋ | 2. | 1 |
| | | |

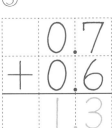

⑤
| | | |
|---|---|---|
| | 0. | 7 |
| ＋ | 0. | 6 |
| | 1. | 3 |

⑥
| | | |
|---|---|---|
| | 1. | 5 |
| ＋ | 2. | 9 |
| | | |

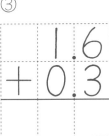

⑦
| | | |
|---|---|---|
| | 2. | 8 |
| ＋ | 2. | 6 |
| | | |

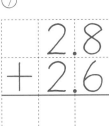

⑧
| | | |
|---|---|---|
| | 1. | 7 |
| ＋ | 3 | |
| | | |

**おうちの方へ**

たし算やひき算は、位をそろえて計算することが大事です。特に**2.** ⑧はとまどうかもしれません。同じ位（一の位同士）をたし算することをしっかり押さえましょう。



【78ページの答え】①㋐白っぽいきらきらの光　㋑目のくらむ光　②ぐわ、わ、わーん
③目の前に太陽が落ちた、としか思えないくらい

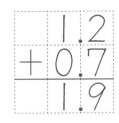

# 物語文の読み取り 2

## おこりじぞう

飛行機は朝日のなかを、ぐうんとおりてきたと見るまに、広島のまん中めがけてばくだんを一発投げつけました。それは、原子ばくだんでした。

町じゅうは、白っぽいぎらぎらの光に、ぬりつぶされてしまいました。

人びとも、家いえも、学校も、そして石じぞうも、目のくらむ光の中で息を止めたとき、

ぐわ、わ、わーん、

広島の町は大ばく発しました。

目の前に太陽が落ちた、としか思えないくらいでした。

（「おこりじぞう」山口勇子・「はぐるま」部落問題研究所）

勉強したのは　月　日

終わったら色ぬりしよう

上の文章を読んで、次の問いに答えましょう。

① 町じゅうをぬりつぶした光のことを、二つの言い方で、何と言っていますか。

㋐（　　　　）

㋑（目　　　　）

② 広島の町が大ばく発したというのが、どんな音で表されていますか。

（　　　　）

③ ただの大ばく発ではないことが、どんな言葉で表されていますか。

（　　　　）

● おうちの方へ ●

ヒロシマ・ナガサキを扱った子ども向け作品は多く出版されていますが、中でもこの「おこりじぞう」はその瞬間を的確な表現で描いており、すぐれた作品です。「目の前に太陽が落ちた」とは、地上数百mの所に数千度にも及ぶ巨大な火の玉が出現したことから、こう表現されました。なお、ここでいう「飛行機」はB29のことです。



【77ページの答え】1．1.2+0.7=1.9　1.9L
2．①0.7 ②0.7 ③1.9 ④2.9 ⑤1.3 ⑥4.4 ⑦5.4 ⑧4.7

# 小数 4

勉強したのは　　月　　日

終わったら色ぬりしよう

**1.** 1.8Lのしょうゆのうち、0.5L使うと、のこりは何Lでしょう。

式　1.8－0.5＝

答え ＿＿＿＿＿＿

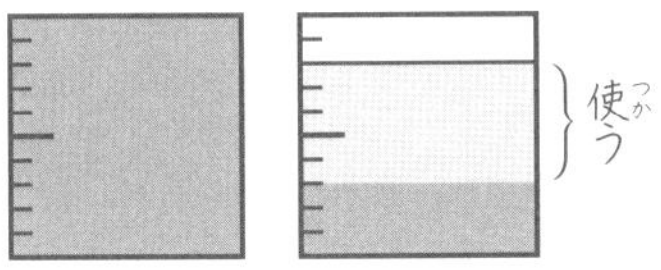


| | | |
|---|---|---|
| | 1. | 8 |
| － | 0. | 5 |
| | 1. | 3 |

① 小数第一位から計算する。

② 一のくらいの計算をする。

③ 小数点をうつ。

**2.** 計算をしましょう。

① $1.5 - 0.2$

② $0.7 - 0.5$

③ $2.9 - 1.6$

④ $3.9 - 2$

⑤ $1.3 - 0.6$ （一の位：0）

⑥ $3.5 - 1.9$

⑦ $4.4 - 3.8$

⑧ $2.2 - 1.7$

**おうちの方へ**

**2.** ②の0.2はあまりむずかしくありませんが、⑤⑦⑧で一の位がくり下がってひき算すると一の位が0になり、それをきちんと書かなければなりません。そこをむずかしく感じる子がいます。



**【80ページの答え】** ①きゅうゆう・ちゅうおうこうえん・じゆう・あそんだ　②とうざいなんぼく・あんぜん・のぼる　③みずうみ・こおり・はじめ・ようもう　④むかし・きょく・いちぶぶん・ふえ・しゅくだい　⑤どうわ・し・さくしゃ・しらべよう

# 漢字のふく習 1

□の中の読みを（　）に書き、□の中の字をなぞりましょう。

勉強したのは　　月　　日

終わったら色ぬりしよう

① 級友（クラスの友だち）と中央公園で自由に遊んだ。

② 東西南北をたしかめ、安全に山に登る。

③ 湖に氷がはり始め、シーツを羊毛にかえた。

④ 昔の曲の一部分を笛でふく宿題が出た。

⑤ あの童話や詩の作者を調べよう。

**おうちの方へ**

128ページまでの50の文章の中には２年生の漢字もまじえながら、３年生の漢字をすべて出題しています。止め・はね・はらいを再確認しながらなぞります。「氷」は「こうり」ではなく「こおり」と書くように注意しましょう。「ちゅうおう」「さくしゃ」などの小さい字をきちんと書きましょう。



【79ページの答え】１．1.8−0.5=1.3　1.3L
２．①1.3　②0.2　③1.3　④1.9　⑤0.7　⑥1.6　⑦0.6　⑧0.5

# 三角形と角 1

べんきょう
勉強したのは　月　日
終わったら色ぬりしよう

１つの点を通る２本の直線が作る形を**角**(かく)といいます。

- 角を作る直線を**辺**(へん)といいます。
- １つの点を角の**頂点**(ちょうてん)といいます。

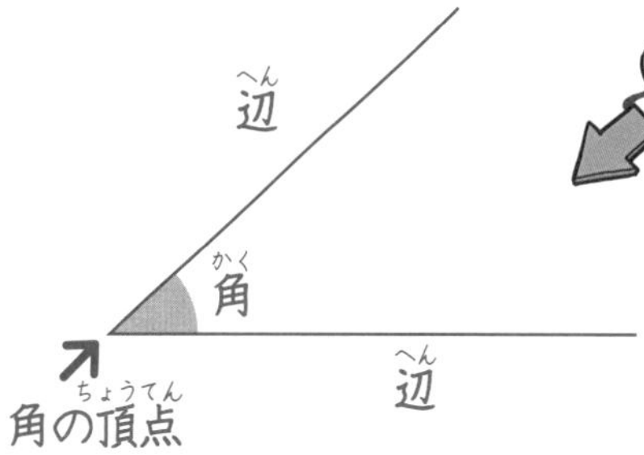


**1.** 角の大きさをくらべましょう。大きい方の記号(きごう)を書きましょう。

①

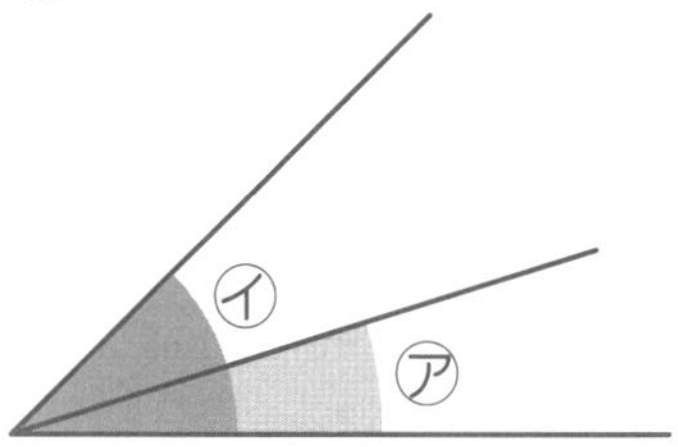


（　　　　）

②

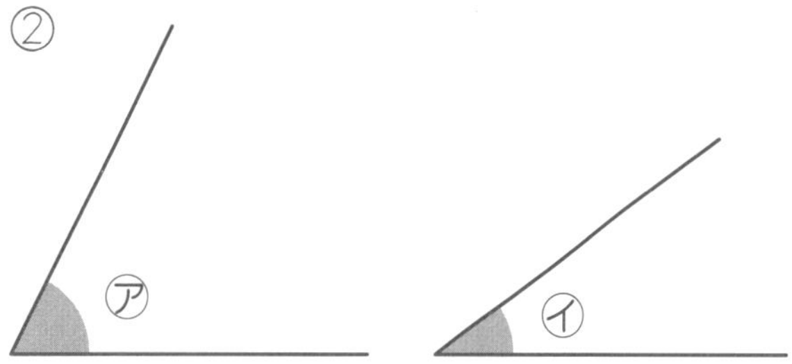


（　　　　）

辺(へん)の開(ひら)きぐあいを、**角の大きさ**といいます。
角の大きさと、辺(へん)の長さはかん係(けい)ありません。

**2.** 角の大きいじゅんに、記号(きごう)を書きましょう。

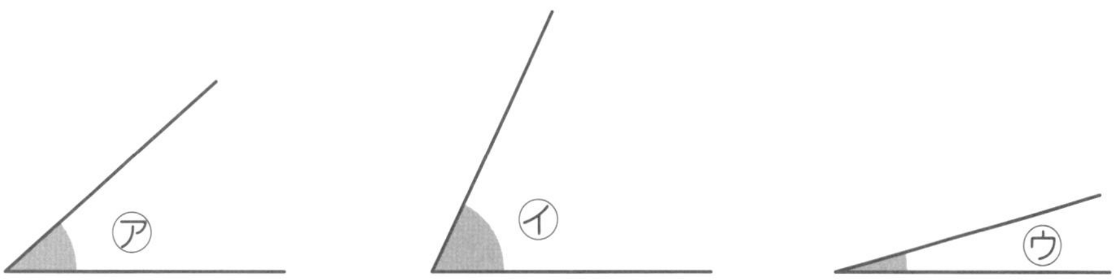


（　　　→　　　→　　　）

● おうちの方へ ●

角は交わる２線の開き具合で大きさが決まります。**2.** は辺の長さにまどわされないようにさせましょう。分度器を使った角度については４年生で学習します。

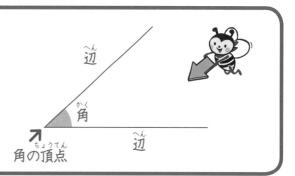

【82ページの答え】①級友・中央公園・自由・遊んだ　②東西南北・安全・登る　③湖・氷・始め・羊毛　④昔・曲・一部分・客・宿題　⑤童話・詩・作者・調べよう

# 漢字のふく習 2

□に漢字を書きましょう。長い□には送りがなも書きましょう。

勉強したのは　月　日

終わったら色ぬりしよう

① □□（きゅうゆう）と□□□□（ちゅうおうこうえん）で□□（じゆう）に□（あそんだ）。

② □□□□（とうざいなんぼく）をたしかめ、□□（あんぜん）に山に□（のぼる）。

③ □（みずうみ）に□（こおり）がはり、□（はじめ）、シーツを□□（ようもう）にかえた。

④ □（むかし）の□（きょく）の□□□（いちぶぶん）を□（ふえ）でふく□□（しゅくだい）が出た。

⑤ あの□□（どうわ）や□（し）の□□（さくしゃ）を□（しらべよう）。

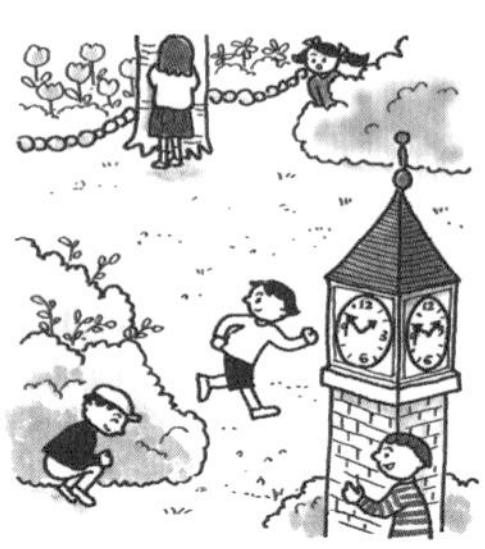

**おうちの方へ**

「氷」は「永」とまちがえないよう注意。「笛」も「箇」とよくまちがえます。「山に登る」は「上る」とまちがえないよう、「登山」と覚えておくとよいですね。書けなかった字は何度も書いて覚えておきましょう。



【81ページの答え】1．①㋑　②㋐　2．㋑㋐㋒

# 三角形と角 2

勉強したのは　月　日

終わったら色ぬりしよう

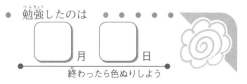

1．文を読んで、問いに答えましょう。

2つの辺の長さが等しい三角形を**二等辺三角形**といいます。

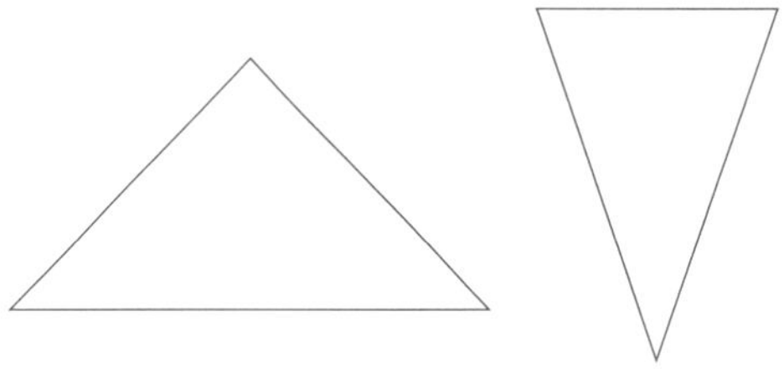

① 上の二等辺三角形の大きさが等しい角に○をしましょう。

3つの辺の長さが等しい三角形を**正三角形**といいます。

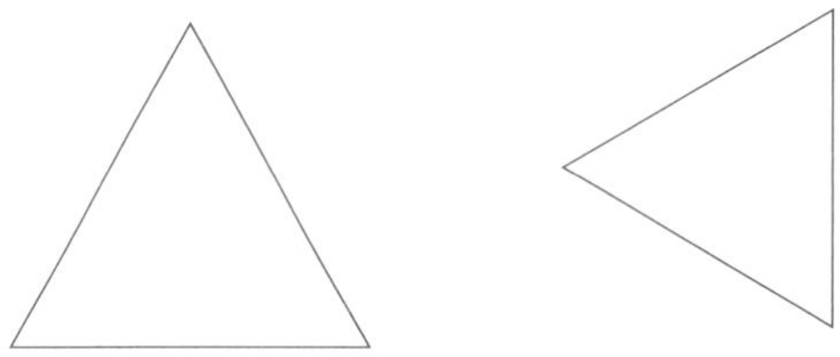

② 正三角形の角の大きさをくらべ、（　　）に言葉を書きましょう。

正三角形の角の大きさは、みんな（　　　　　）。

2．下の三角形をなかまわけして、表に記号を書きましょう。

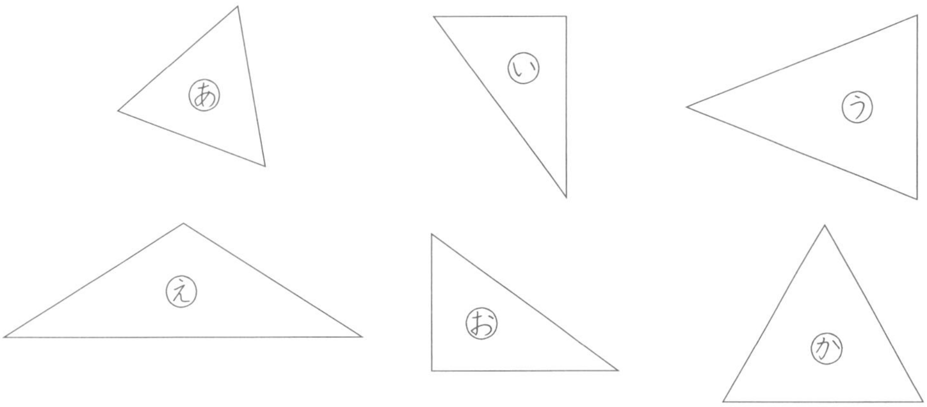


| | | |
|---|---|---|
| ① | 正三角形 | |
| ② | 二等辺三角形 | |
| ③ | 直角三角形 | |

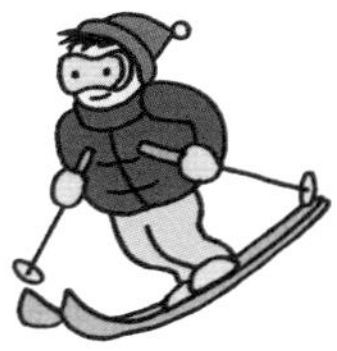

● おうちの方へ ●

1．は二等辺三角形、正三角形の定義です。しっかり覚えさせましょう。2．はそれを目で見て、見つけることができるかを確かめる問題です。



【84ページの答え】①ぜんき・いいんかい・しごと・おわった　②あたたかい・ざけ・れい・い　③りょうて・つかって・じめん・はやく　④せいりがかり・やく・すすんで・ひきうける　⑤みじかい・じかん・ぶんしょうだい・べんきょう・まいにち

# 漢字のふく習 3

□の中の読みを（　）に書き、□の中の字をなぞりましょう。

勉強したのは　　月　　日

終わったら色ぬりしよう

①前期の委員会の仕事が終わった。

②温かいあま酒のお礼を言う。

③両手を使って地面を速くほる。

④整理係の役を進んで引き受ける。

⑤短い時間だが文章題の勉強を毎日する。

●おうちの方へ●

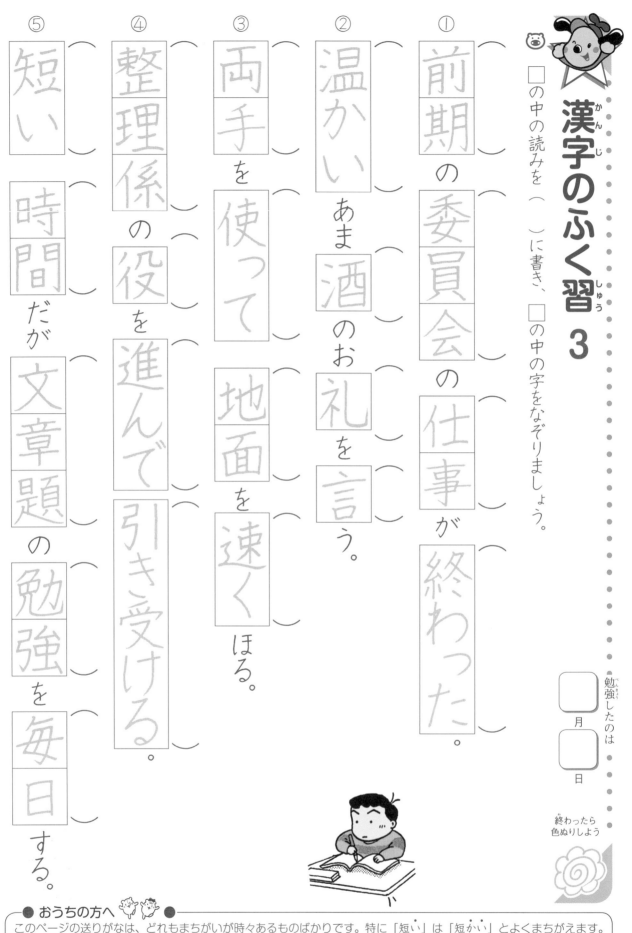

このページの送りがなは、どれもまちがいが時々あるものばかりです。特に「短い」は「短かい」とよくまちがえます。「温かい」は液体や心情を表すときに使います。「温水」「温情」などがありますね。「言う」は「ゆう」ではなく「いう」と書きます。「地面」は「ぢめん」でなく、「じめん」と書きます。



【83ページの答え】1. ① 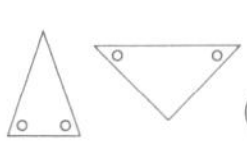 ②等しい　2. ①あ・か　②う・え　③い・お

# 三角形と角 3

べんきょう
勉強したのは　　月　　日
終わったら色ぬりしよう

1．二等辺三角形を作り、角を重ねるようにして、大きさをくらべましょう。
（いろいろな角で　やってみましょう。）

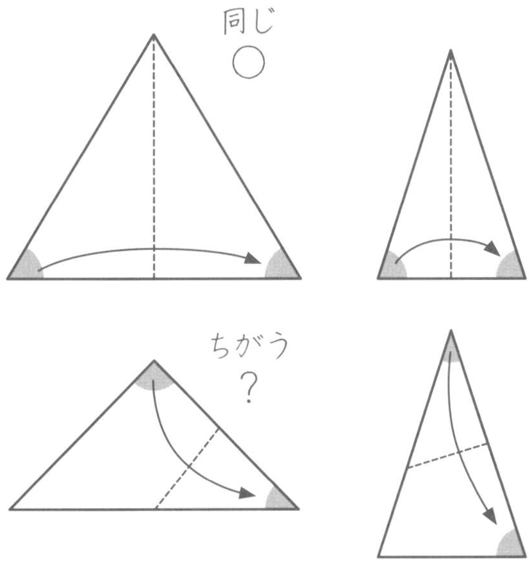
同じ
○
ちがう
？

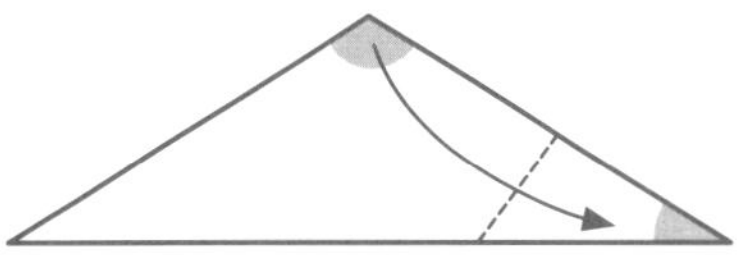

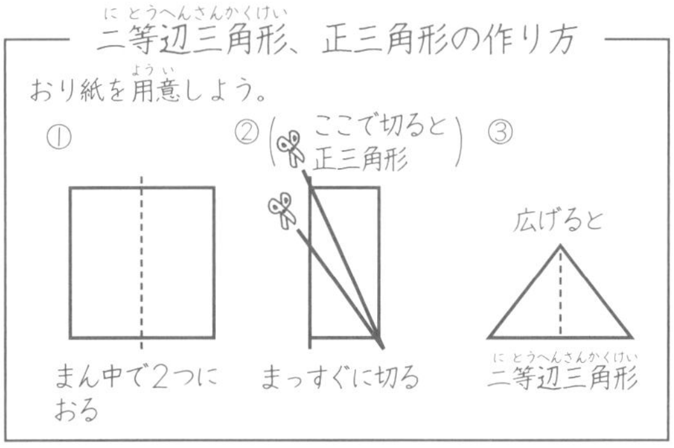
二等辺三角形、正三角形の作り方
おり紙を用意しよう。
①
まん中で2つにおる
②
ここで切ると正三角形
まっすぐに切る
③
広げると
二等辺三角形

2．正三角形を作り、角が重なるようにして、大きさをくらべましょう。

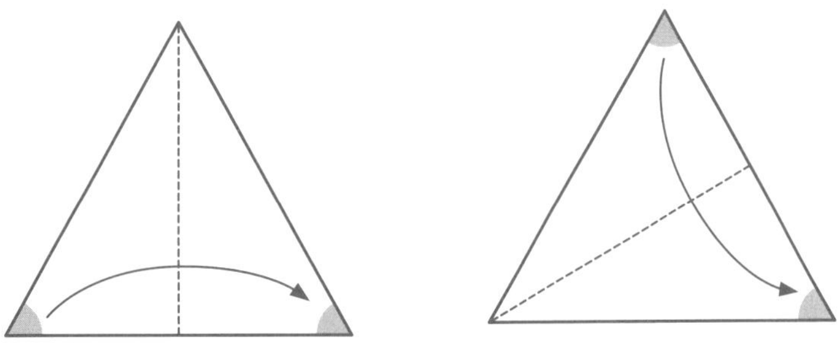

二等辺三角形は、2つの角の大きさが同じです。

正三角形は、3つの角の大きさがみな同じです。

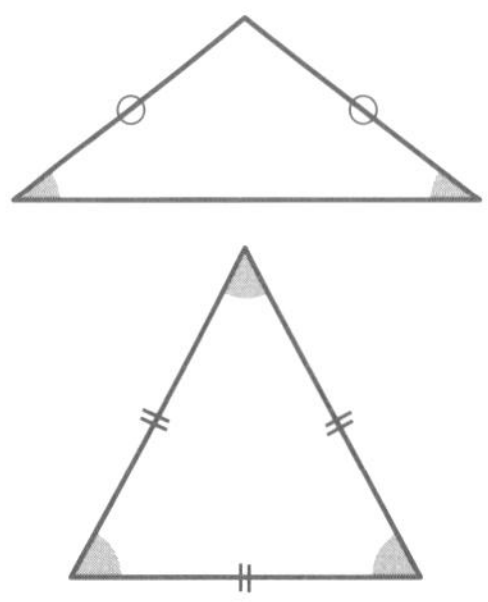

**おうちの方へ**

3年生の角の大きさの学習は、用紙を折ったり、重ねたりして比べます。二等辺三角形の角は、長方形の紙を用意し上の図の②のとき切り始めの位置の高さを変えることで、いろいろな大きさのものができます。

【86ページの答え】①前期・委員会・仕事・終わった　②温かい・湯・礼・言　③両手・使って・地面・速く　④整理係・役・進んで・引き受ける　⑤短い・時間・文章題・勉強・毎日

# 漢字のふく習 4

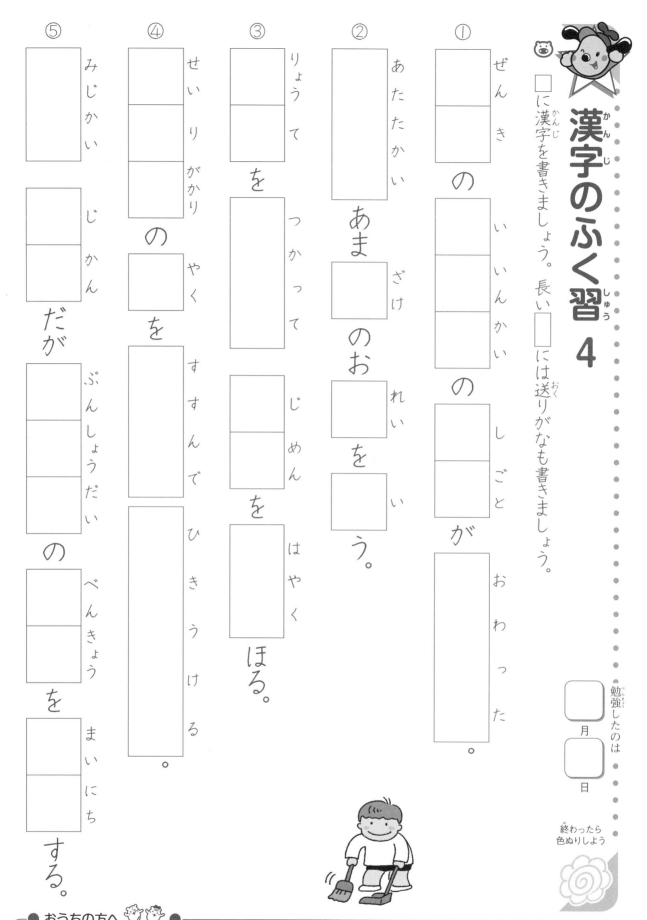

□に漢字を書きましょう。長い□には送りがなも書きましょう。

① ［ぜんき］の［いいんかい］の［しごと］が［おわった］。

② ［あたたかい］あま［ざけ］のお［れい］を［い］う。

③ ［りょうて］を［つかって］［じめん］を［はやく］ほる。

④ ［せいりがかり］の［やく］を［すすんで］［ひきうける］。

⑤ ［みじかい］［じかん］だが［ぶんしょうだい］の［べんきょう］を［まいにち］する。

勉強したのは　月　日

終わったら色ぬりしよう

**おうちの方へ**

字形に注意：「言」→「言」（２画目は３・４画目よりも長く）。「速」は７画目を止めます。「進」は「隹」ではありません（てんは×）。また近ごろは、街や道路標識にも送りがなのまちがいが目立ちます。「終る」「使かう」「温たかい」「受る」などです。正しい送りがなをきちんと覚えておきましょう。

# 三角形と角 4

勉強したのは　月　日

終わったら色ぬりしよう

コンパスを使った二等辺三角形のかき方は下のとおりです。
（3cm、4cm、4cm）

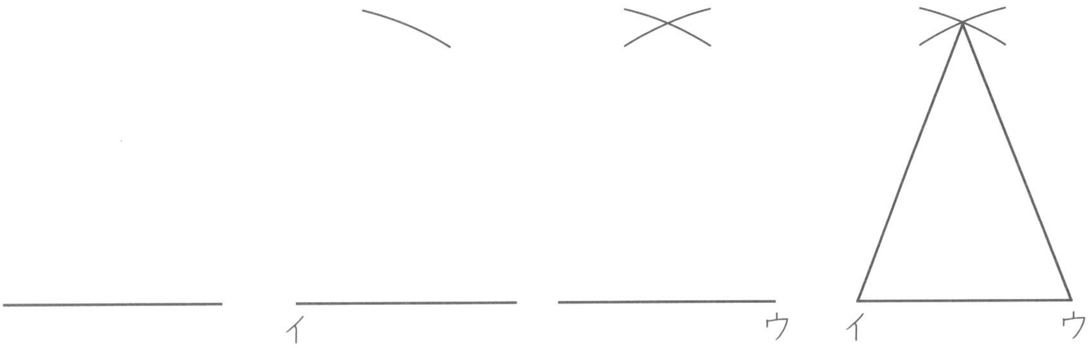

① 3cmをじょうぎで引く。

② コンパスを4cmに開いて、イから4cmのところにしるしをする。

③ コンパスを4cmのままウから4cmのところにしるしをする。

④ コンパスでつけたしるしが交わったところとイ、ウをむすんででき上がり。

次の三角形をかきましょう。（コンパスとじょうぎを使います。）

① 辺の長さが、5cm、6cm、6cmの二等辺三角形

② 3つの辺の長さが、みんな4cmの正三角形

**おうちの方へ**

コンパスの持ち方は、教科書を見て正しく使えるようにさせましょう。コンパスの使い方はけっこうむずかしいものです。



【88ページの答え】①おもち・正月・スキー　②食べる・いわう・すべる
③うれしい・おいしい・楽しみだ・にぎやかだ・寒い

# 言葉の力・おさらい 1

## 言葉のなかま分け

勉強したのは　月　日

終わったら色ぬりしよう

次のせつ明にあてはまる言葉を、□からえらんで（　）に書きましょう。

① 物の名前や事がらを表す言葉

（　　）（　　）（　　）

② 動きを表す言葉

（　　）（　　）（　　）

③ 様子や気持ちを表す言葉

（　　）（　　）（　　）

（　　）（　　）

| |
|---|
| 食べる　うれしい　いわう　おもち　おいしい　楽しみだ　正月　にぎやかだ　すべる　スキー　寒い |

**おうちの方へ**

動きを表す言葉（動詞）は、言い切りの形（終止形）が「う段の音」で終わります。様子や気持ちを表す言葉のうち、形容詞（どんな）は、言い切りの形が「～い」で、形容動詞（どんなだ）は「だ」が終止形です。

# ナゾトキ☆クエスト にんじゃ へん

ステージ 1

忍者(にんじゃ)学校の入口まで
行けるかな？
しゅぎょうに
行ってきま～す。


答えが正しい方の道をたどって、忍者(にんじゃ)学校の入口まで行こう。

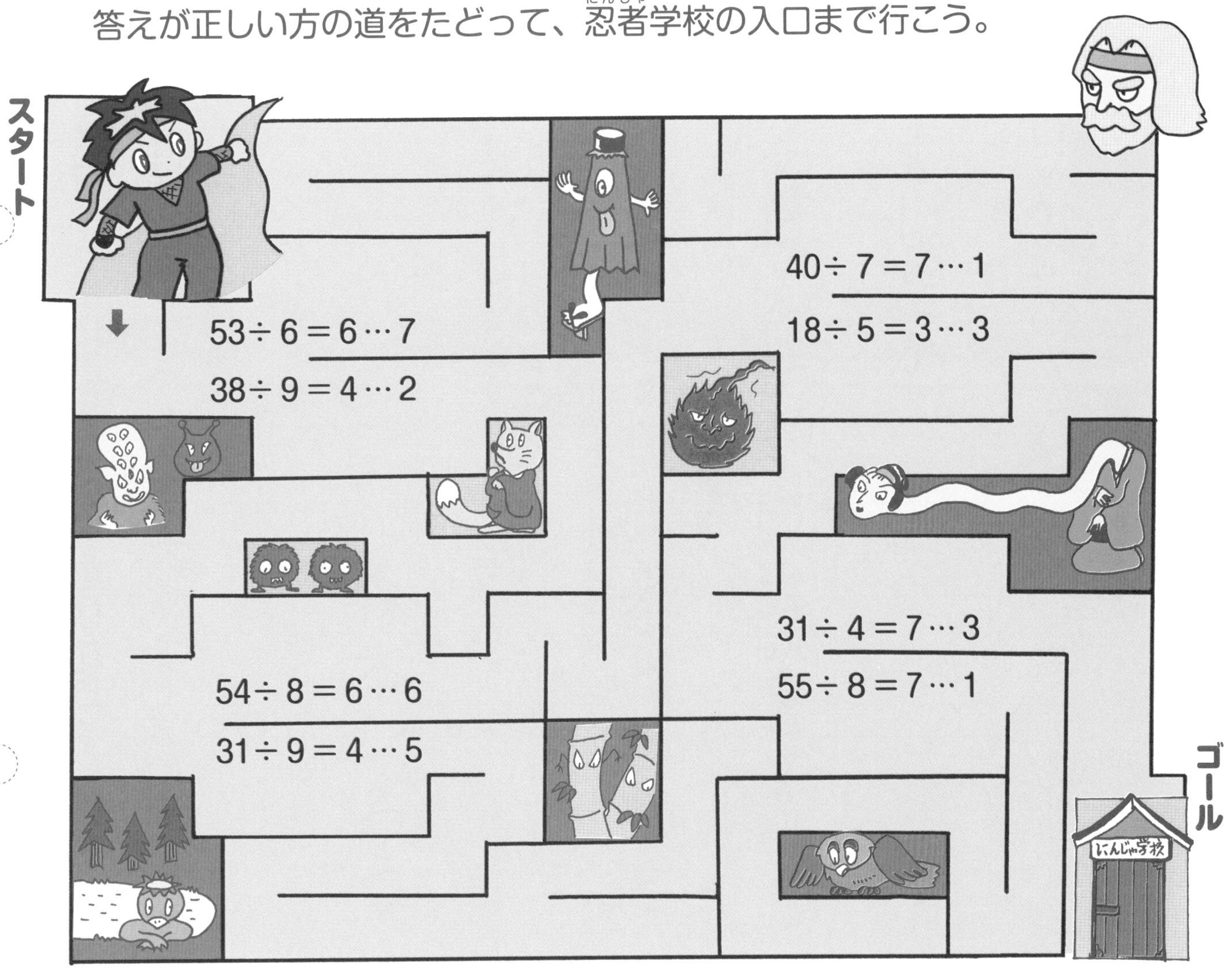


103ページにつづく。

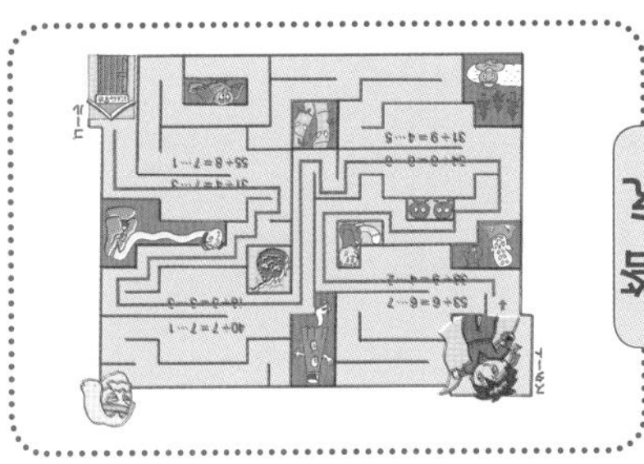

# おまけ

●かぜをひいて学校をお休みしたりかちゃんが、たろう君（くん）から、こんなお手紙をもらいました。なんと書いてあるでしょう。

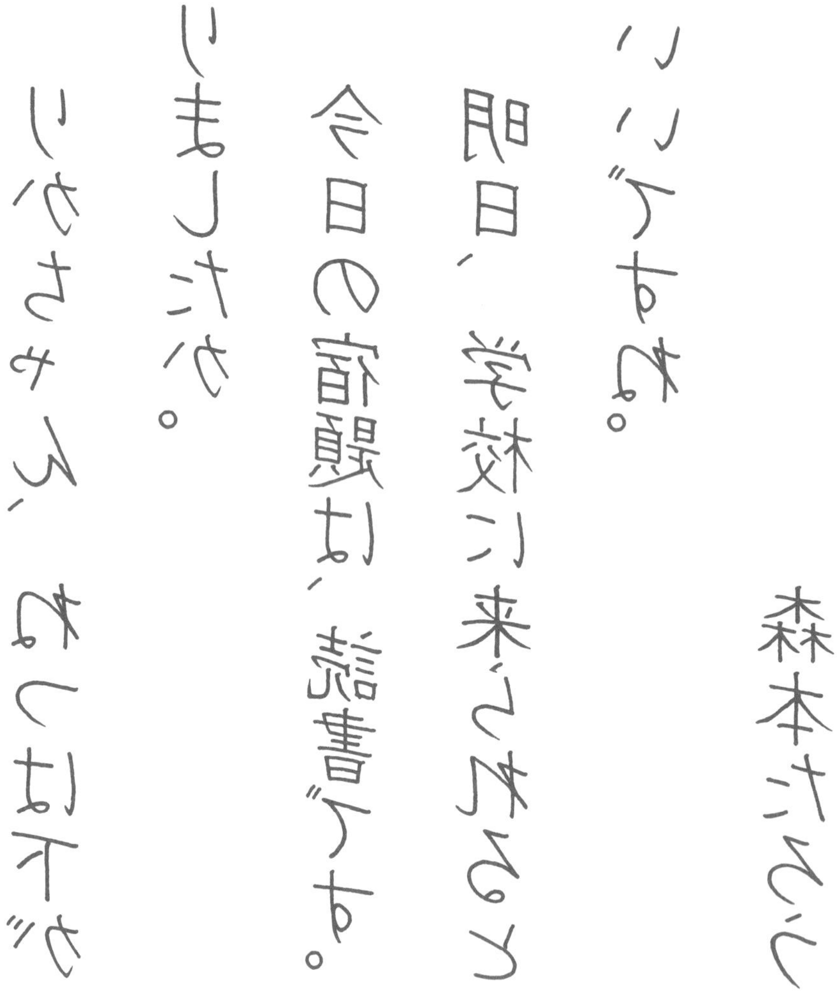

答え

りかちゃん、ねつは下がりましたか。
今日の宿題は、読書です。
明日、学校に来られるといいですね。
森本たろう

★かがみにうつして読んでね。

# 分数 1

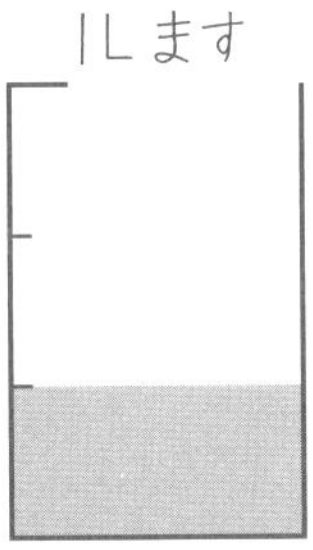


水が、1Lますを3等分(とうぶん)した1こ分入っています。

これを**3分(ぶん)の1リットル**といい、

$\frac{1}{3}$Lと書きます。

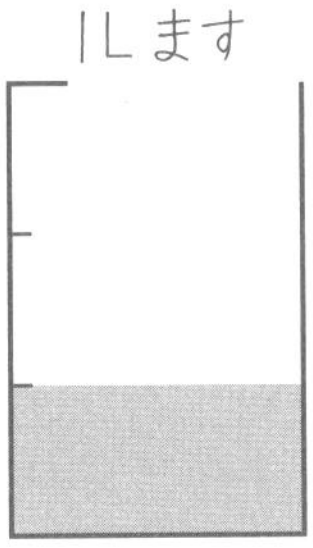


$\frac{1}{3}$Lの2こ分は$\frac{2}{3}$Lです。$\frac{1}{3}$や$\frac{2}{3}$を**分数(ぶんすう)**といいます。

書きじゅん　③—2……分子(ぶんし)
①—（線）
②—3……分母(ぶんぼ)

**1.** 次(つぎ)のかさを分数で表(あらわ)しましょう。

① 

（$\frac{3}{4}$L）

② 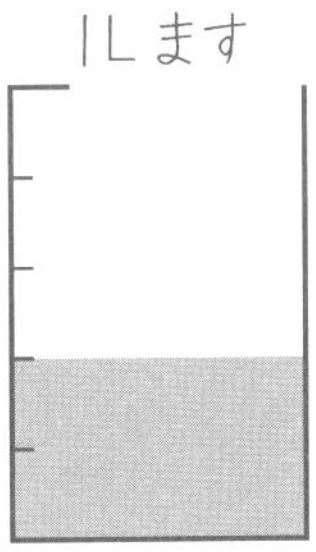


（　　L）

③ 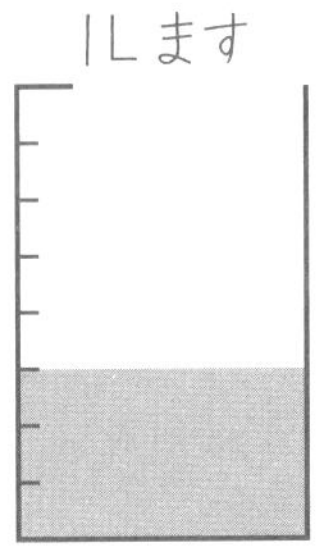


（　　L）

**2.** 次(つぎ)の長さだけテープに色をぬりましょう。

① 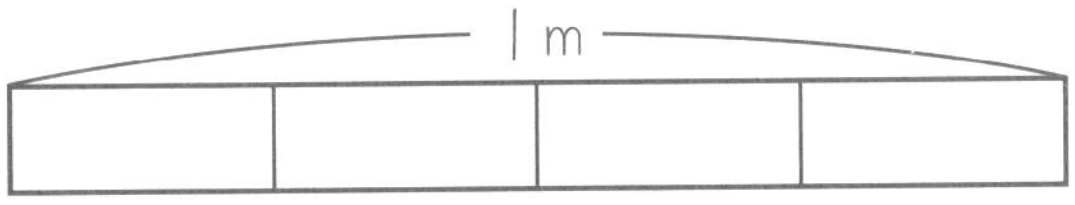


$\frac{1}{4}$m

② 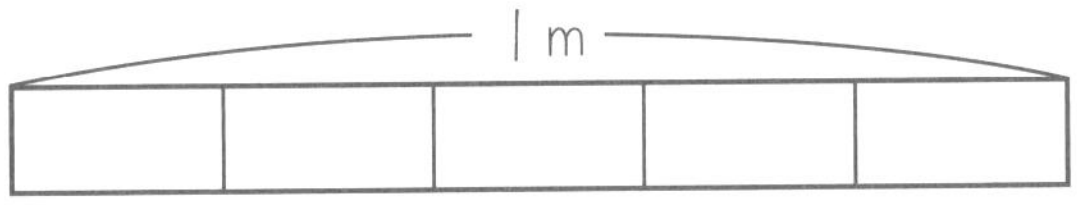


$\frac{4}{5}$m

**おうちの方へ**

2年生で簡単な分数を学習しています。分数の書き順はよくまちがいます。まん中の線（括線(かつせん)）を最初に書きます。
**1.** ではLもなぞっていますか。



【92ページの答え】①にもつ・かるい・しな・かさねて・はこぼう　②きゅう・す・おう・つかえる・もんばん・こうたい　③ぎんいろ・うつくしい・ゆび・おとさ・ちゅうい　④あつ・さむ・おんどけい　⑤たいよう・たか・か・き

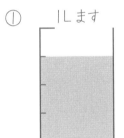

# 漢字（かんじ）のふく習（しゅう）5

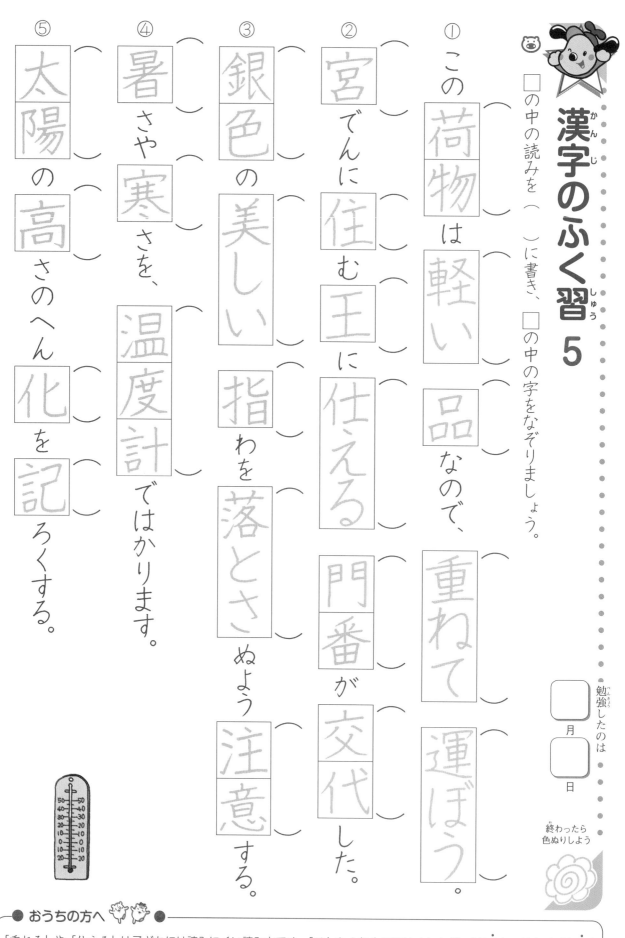

□の中の読みを（　）に書き、□の中の字をなぞりましょう。

① この荷物（　）は軽い（　）品（　）なので、重ねて（　）運ぼう（　）。

② 宮（　）でんに住む（　）王（　）に仕える（　）門番（　）が交代（　）した。

③ 銀色（　）の美しい（　）指（　）わを落とさ（　）ぬよう注意（　）する。

④ 暑（　）さや寒（　）さを、温度計（　）ではかります。

⑤ 太陽（　）の高（　）さのへん化（　）を記（　）ろくする。

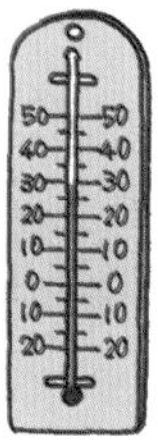

勉強（べんきょう）したのは　月　日

終（お）わったら色ぬりしよう

**おうちの方へ**

「重ねる」や「仕える」は子どもには読みにくい読み方です。「王」も１年生で習いましたが、「おお」ではなく「おう」と書けたでしょうか。



【91ページの答え】 1. ① $\frac{3}{4}$L ② $\frac{2}{5}$L ③ $\frac{3}{8}$L　2. ①

②

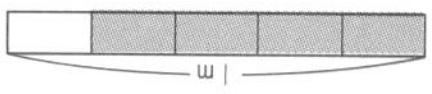

# 分数 2

勉強したのは　月　日

終わったら色ぬりしよう

**1.** $\frac{1}{5}+\frac{2}{5}$を考えましょう。

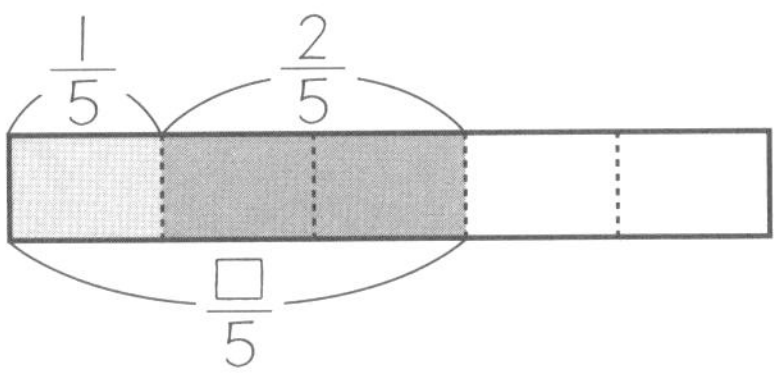


うすい字はなぞってね。

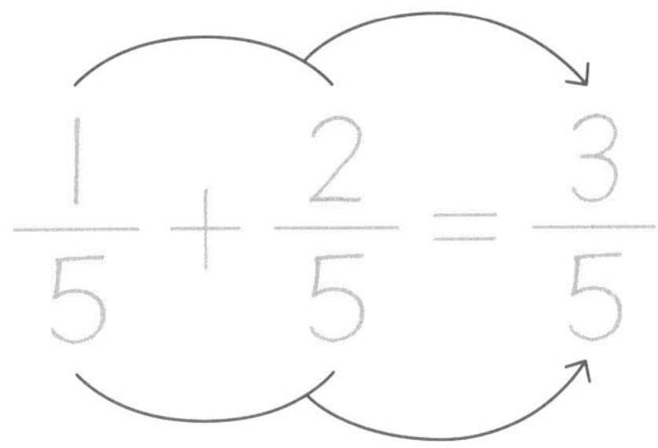


分母が同じ分数のたし算は、
㋐　**分母はそのまま。**
㋑　**分子をたし算する。**
（1＋2＝3）

**2.** 計算しましょう。

① $\frac{2}{5}+\frac{2}{5}=$

② $\frac{3}{8}+\frac{4}{8}=$

③ $\frac{1}{7}+\frac{2}{7}=$

④ $\frac{2}{9}+\frac{5}{9}=$

⑤ $\frac{2}{4}+\frac{1}{4}=$

⑥ $\frac{4}{6}+\frac{1}{6}=$

⑦ $\frac{3}{10}+\frac{4}{10}=$

⑧ $\frac{5}{11}+\frac{3}{11}=$

**おうちの方へ**

3年生の分数の計算は、答えが1より小さいものです。同じ分母の分数のたし算は、分子のたし算だけすればよいことを理解すれば簡単にできます。

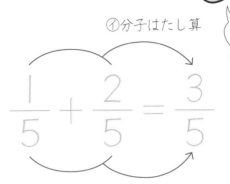

【94ページの答え】①荷物・軽い・品・重ねて・運ぼう　②宮・住・王・仕える・門番・交代
③銀色・美しい・指・落とす・注意　④暑・寒・温度計　⑤太陽・声・化・記

# 漢字のふく習 6

□に漢字を書きましょう。長い□には送りがなも書きましょう。

① この□□（にもつ）は□（かるい）□（しな）なので、□（かさねて）□（はこぼう）。

② □（きゅう）でんに□（す）む□（おう）に□（つかえる）□□（もんばん）が□□（こうたい）した。

③ □□（ぎんいろ）の□（うつくしい）□（ゆび）わを□（おとさ）ぬよう□□（ちゅうい）する。

④ □（あつ）さや□（さむ）さを、□□□（おんどけい）ではかります。

⑤ □□（たいよう）の□（たか）さのへん□（か）を□（き）ろくする。

勉強したのは □月 □日

終わったら色ぬりしよう

● おうちの方へ ●

字形に注意：「軽」→「軽」、「宮」→「官」、「仕」→「仕」、「美」→「美」（上からつながっているのは×）、「寒」→「寒」「寒」（上からつながっているのは×）、「化」→「化」、「落」→「落」。送りがなのよくあるまちがい：「美くしい」「落す」。



【93ページの答え】 1. $\frac{3}{5}$　2. ①$\frac{4}{5}$ ②$\frac{7}{8}$ ③$\frac{3}{7}$ ④$\frac{7}{9}$ ⑤$\frac{3}{4}$ ⑥$\frac{5}{6}$ ⑦$\frac{7}{10}$ ⑧$\frac{8}{11}$

# 分数 3

勉強したのは　　月　　日
終わったら色ぬりしよう

**1.** $\frac{3}{5}-\frac{2}{5}$ を考えましょう。

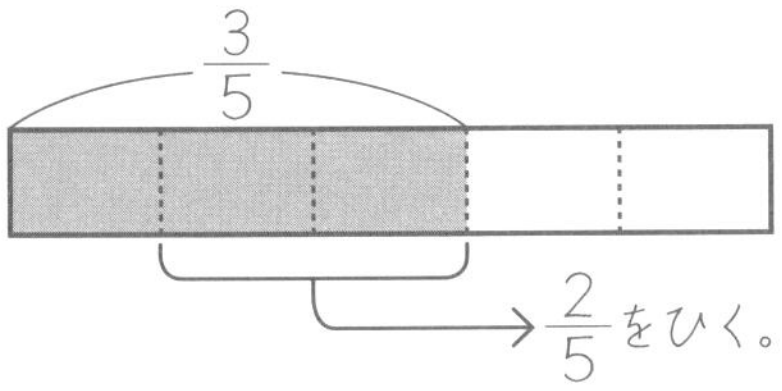


分母が同じ分数のひき算は、
㋐　**分母はそのまま。**
㋑　**分子をひき算する。**
（3－2＝1）

㋑分子はひき算

$$\frac{3}{5}-\frac{2}{5}=\frac{1}{5}$$

㋐分母はそのまま

うすい字はなぞってね。

**2.** 計算しましょう。

① $\frac{6}{7}-\frac{2}{7}=$　　② $\frac{7}{9}-\frac{2}{9}=$

③ $\frac{4}{5}-\frac{3}{5}=$　　④ $\frac{7}{8}-\frac{2}{8}=$

⑤ $\frac{9}{10}-\frac{6}{10}=$　　⑥ $\frac{8}{11}-\frac{5}{11}=$

⑦ $\frac{5}{6}-\frac{4}{6}=$　　⑧ $\frac{9}{13}-\frac{7}{13}=$

● おうちの方へ ●

分母が同じ分数のひき算の学習です。たし算のときと同じように、分子だけの計算をすればよいことが理解できるでしょう。

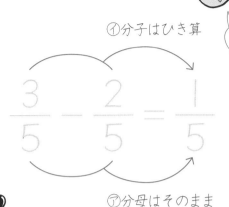

【96ページの答え】①あいて・びょうき・わるい・しんぱい・ようす　②しめい・いしゃ・すくない・もんだい　③たいじゅう・しんちょう・むしば・かず・あらわす　④くらく・はしらどけい・びょう・ぜん　⑤しゅうかい・しょうぶ・きたい・しゅ

# 漢字(かんじ)のふく習(しゅう) 7

□の中の読みを（　）に書き、□の中の字をなぞりましょう。

①相手の病気が悪いので、心配して様子を見に行く。

②とうとい使命の医者が少ないのは、問題だ。

③体重や身長、虫歯の数をグラフに表す。

④暗くて、柱時計の秒しんが全ぜん見えない。

⑤さい終回には、勝負がつくと期待して守びにつく。

勉強したのは　月　日

終わったら色ぬりしよう

**おうちの方へ**

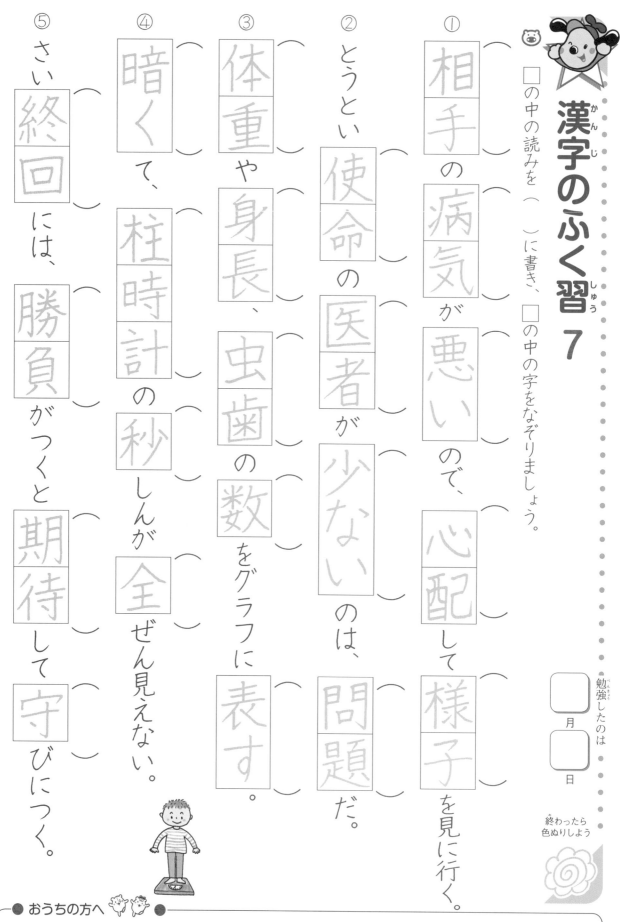

「使（し）」や「待（たい）」という読み方は教科書によっては他学年で習います。「数」は「すう」「かず」どちらの読み方でもよいです。「勝負」は「かちまけ」と読むときは「勝ち負け」と書きます。



【95ページの答え】 1. $\frac{1}{5}$　2. ① $\frac{4}{7}$ ② $\frac{5}{9}$ ③ $\frac{1}{5}$ ④ $\frac{5}{8}$ ⑤ $\frac{3}{10}$ ⑥ $\frac{3}{11}$ ⑦ $\frac{1}{6}$ ⑧ $\frac{2}{13}$

# 分数 4

勉強したのは　□月　□日
終わったら色ぬりしよう

**1.** １ｍと同じ長さを分数で表しましょう。

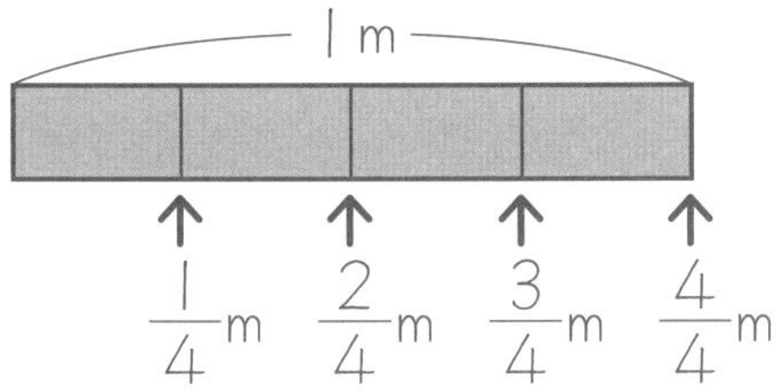


$1\text{m} = \frac{\square}{4}\text{m}$

※１は、分子と分母が同じ分数で表すことができます。

**2.** □に数を入れましょう。

① $1 = \frac{\square}{5}$　② $\frac{\square}{3} = 1$　③ $\frac{6}{\square} = 1$

**3.** 計算しましょう。

① $\frac{2}{4} + \frac{2}{4} = \frac{4}{4}$
$= 1$

② $\frac{5}{8} + \frac{3}{8} =$
$=$

③ $\frac{2}{9} + \frac{7}{9} =$
$=$

④ $\frac{4}{7} + \frac{3}{7} =$
$=$

⑤ $\frac{7}{11} + \frac{4}{11} =$
$=$

⑥ $\frac{3}{10} + \frac{7}{10} =$
$=$

**おうちの方へ**

**1. 2.** は分母と分子が同じ分数になる、**3.** はその逆をたし算の中で理解する学習です。



【98ページの答え】①相手・病気・悪い・心配・様子　②使命・医者・少ない・問題
③体重・身長・虫歯・数・表す　④暗く・柱時計・秒・全　⑤終回・勝負・期待・守

# 漢字のふく習 8

□に漢字を書きましょう。長い□には送りがなも書きましょう。

勉強したのは □月 □日

終わったら色ぬりしよう

① □□（あいて）の□□（びょうき）が□（わるい）ので、□□（しんぱい）して□□（ようす）を見に行く。

② とうとい□□（しめい）の□□（いしゃ）が□（すくない）のは、□□（もんだい）だ。

③ □□（たいじゅう）や□□（しんちょう）、□□（むしば）の□（かず）をグラフに□（あらわす）。

④ □（くらく）て、□□□（はしらどけい）の□（びょう）しんが□（ぜん）ぜん見えない。

⑤ さい□□（しゅうかい）には、□□（しょうぶ）がつくと□□（きたい）して□（しゅ）びにつく。

**おうちの方へ**

「すくない」と「あらわす」は、特に送りがなのまちがいが多い字です。「表す」は「ヒョウす」と覚えておくとよいでしょう。字形に注意：「勝」→「勝」、「身」→「身」。



【97ページの答え】1. $\frac{4}{4}$ 2. ①5 ②3 ③6
3. ①$\frac{4}{4}=1$ ②$\frac{8}{8}=1$ ③$\frac{9}{9}=1$ ④$\frac{7}{7}=1$ ⑤$\frac{11}{11}=1$ ⑥$\frac{10}{10}=1$

# 分数 5

勉強したのは　月　日
終わったら色ぬりしよう

**1.** $1-\frac{1}{6}$ を考えましょう。

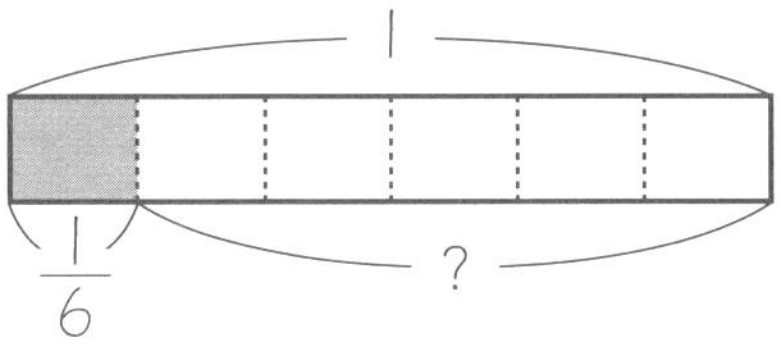


$1-\frac{1}{6}=\frac{6}{6}-\frac{1}{6}$

㋐ 1を $\frac{6}{6}$ にする

$=\frac{5}{6}$

㋐　1を、ひく数 $\frac{1}{6}$ の分母とあわせて、$\frac{6}{6}$ にします。
1は、分母と分子が同じならどんな分数にもなります。

**2.** 計算しましょう。

① $1-\frac{2}{3}=\frac{3}{3}-\frac{2}{3}$

$=$

② $1-\frac{3}{5}=$

$=$

③ $1-\frac{3}{7}=$

$=$

④ $1-\frac{5}{9}=$

$=$

⑤ $1-\frac{7}{10}=$

$=$

⑥ $1-\frac{5}{8}=$

$=$

**おうちの方へ**

1からいきなり分数を引くことはできません。1を引く数と同じ分母の分数に変えますが、1は分子と分母が同じ数であれば、どんな分数にもなることがわかっていれば簡単です。

【100ページの答え】①じんじゃ・かみさま・ふかく・しあわせ　②やおや・しゅじん・しょうばい・く・きゃく はなす　③ひろった・てちょう・じゅうしょ・みなとくさんちょうめ　④ほうそうけんきゅうかい・もう・じょげん　⑤あたま・う・はなぢ・びょういん・い

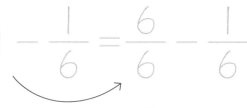

# 漢字のふく習 9

□の中の読みを（　）に書き、□の中の字をなぞりましょう。

勉強したのは　□月　□日

①神社（　）で神様（　）に深（　）く幸せ（　）をいのる。

②八百屋（やお）の主人（　）が商売（　）の苦（　）労を客（　）に話（　）す。

③拾（　）った手帳（　）に住所（　）は港区三丁目（　）とあった。

④放送研究会（　）に申（　）しこむよう、助言（　）した。

⑤頭（　）を打（　）ち、鼻血（　）も出たので、病院（　）に行（　）った。

終わったら色ぬりしよう

● おうちの方へ ●

「八百屋」さんは町から消えつつありますが、知っておきたいですね。「幸せ」を「しやわせ」と読まないように。「鼻血」は「はなじ」ではありません。「ち」の濁音です。これは、元来の読み方が残っています。



【99ページの答え】1. $\frac{5}{6}$　2. ①$\frac{1}{3}$　②$\frac{2}{5}$　③$\frac{4}{7}$　④$\frac{4}{9}$　⑤$\frac{3}{10}$　⑥$\frac{3}{8}$

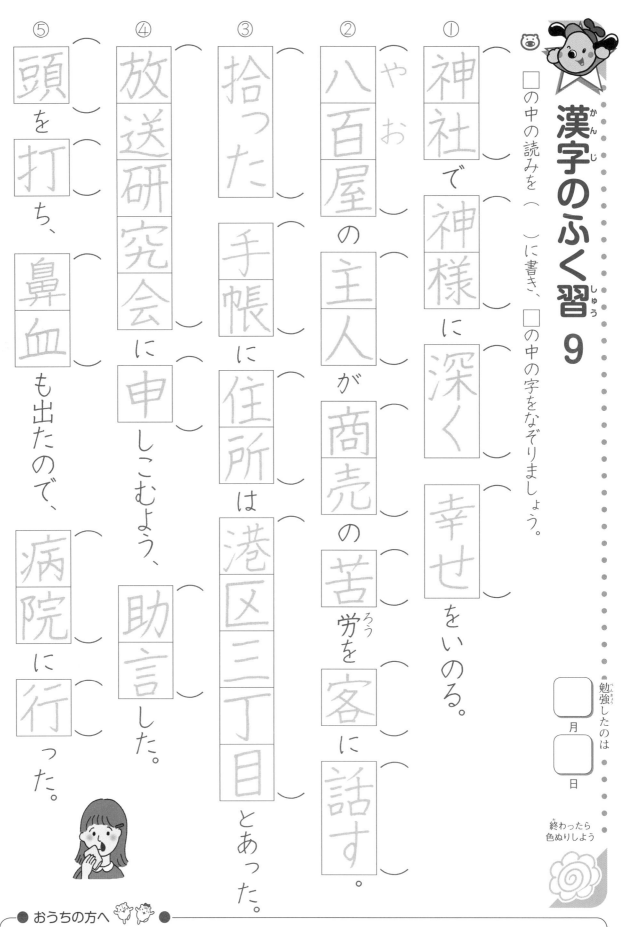

# 分数 6

勉強したのは　　月　　日
終わったら色ぬりしよう

計算しましょう。

① $\frac{1}{3}+\frac{1}{3}=$

② $\frac{7}{9}-\frac{2}{9}=$

③ $\frac{2}{3}-\frac{1}{3}=$

④ $\frac{1}{7}+\frac{2}{7}=$

⑤ $\frac{4}{5}+\frac{1}{5}=$

⑥ $\frac{3}{8}+\frac{5}{8}=$

⑦ $1-\frac{5}{6}=$

⑧ $1-\frac{7}{9}=$

⑨ $\frac{3}{10}+\frac{7}{10}=$

⑩ $1-\frac{1}{10}=$

**おうちの方へ**

今まで学習した分数の加減をまぜて出題しています。まず、たし算かひき算かを記号を見てしっかり判断しなければなりません。そのことによって、注意力を養います。



【102ページの答え】①神社・神様・深く・幸せ　②八百屋・主人・商売・苦・客・話す
③拾った・手帳・住所・港区三丁目　④放送研究会・申・助言　⑤頭・打・鼻血・病院・行

# 漢字のふく習 10

□に漢字を書きましょう。長い□には送りがなも書きましょう。

勉強したのは □月 □日

終わったら色ぬりしよう

① □□（じんじゃ）で□□（かみさま）に□（ふかく）□（しあわせ）をいのる。

② □□□（やおや）の□□（しゅじん）が□□（しょうばい）の□（く）労を□（きゃく）に□（はなす）。

③ □（ひろった）□□（てちょう）に□□（じゅうしょ）は□□□□□（みなとくさんちょうめ）とあった。

④ □□□□□（ほうそうけんきゅうかい）に□（もう）しこむよう、□□（じょげん）した。

⑤ □（あたま）を□（う）ち、□□（はなぢ）も出たので、□□（びょういん）に□（い）った。

**おうちの方へ**

字形に注意：「港」は「巳」と書くまちがいが多いです。また、「二」と書いてから「共」と上からつなげて書くまちがいもよくあります。「申」→「申」、「助」→「助」、「幸」→「幸」という書きまちがいがあります。「鼻」は、自分の顔の中心にあるので「白」ではなく「自」が字の中に入っています。



【101ページの答え】 ① $\frac{2}{3}$ ② $\frac{5}{9}$ ③ $\frac{1}{3}$ ④ $\frac{3}{7}$ ⑤ $\frac{5}{5}=1$ ⑥ $\frac{8}{8}=1$ ⑦ $\frac{1}{6}$ ⑧ $\frac{2}{9}$ ⑨ $\frac{10}{10}=1$ ⑩ $\frac{9}{10}$

# ナゾトキ☆クエスト にんじゃ へん

ステージ 2

計算の答えが、次の計算のさいしょの数になっている道を通って、ゴールに向かおう。

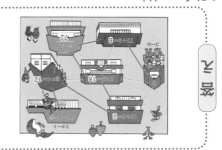

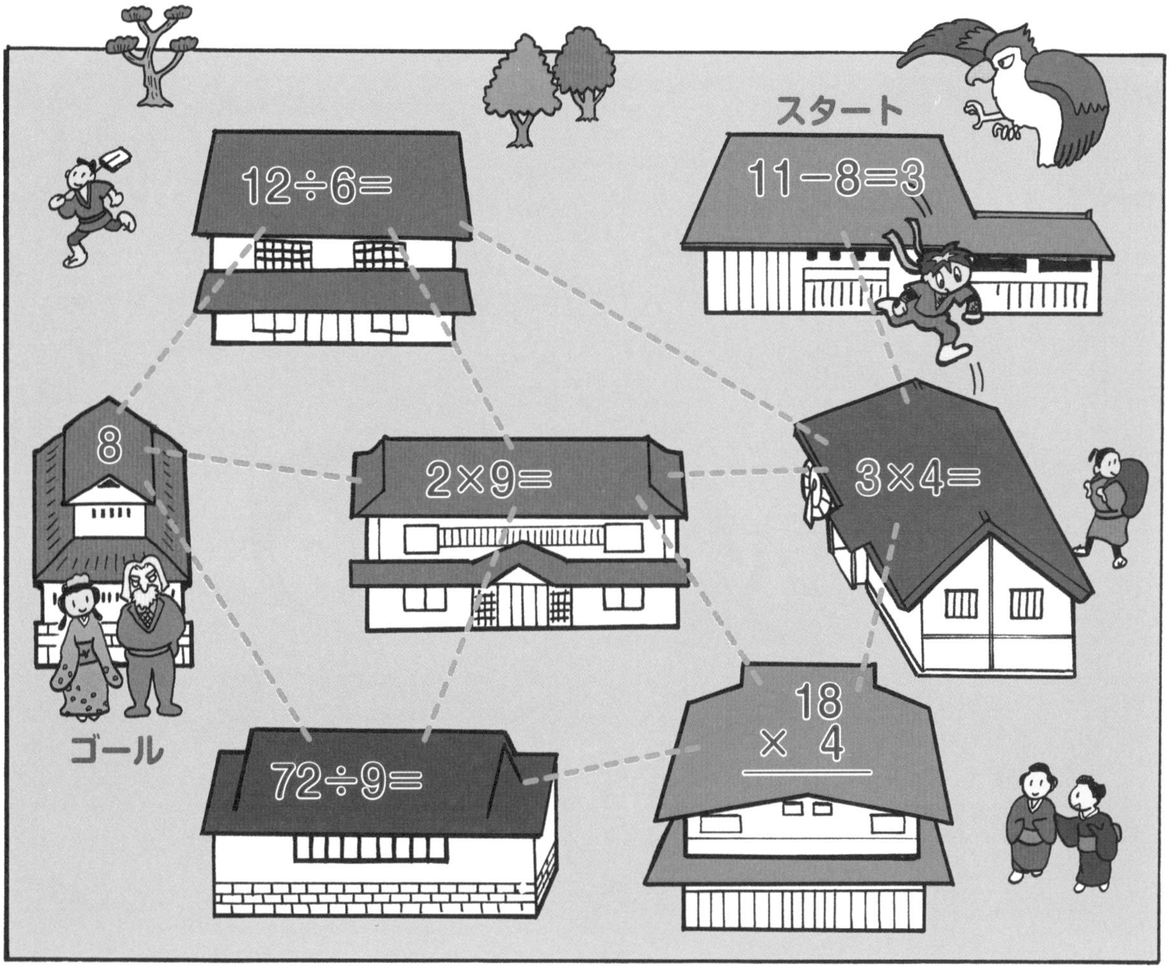

117ページにつづく。

答え

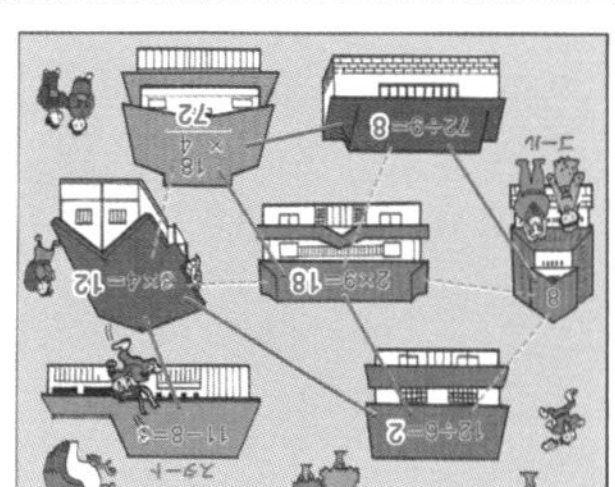

# おまけ

●ふきだしに入るグループを㋐～㋒からえらんで、線でむすびましょう。

①　②　③

㋐
すやすや
うとうと
ぐっすり

㋑
がみがみ
つんつん
ぷりぷり

㋒
にこにこ
げらげら
にんまり

答え
① ㋒
② ㋐
③ ㋑

# 分数 7

勉強したのは　月　日
終わったら色ぬりしよう

**1.** 次の大きさのところに数直線上に㋐㋑でしるしを入れましょう。

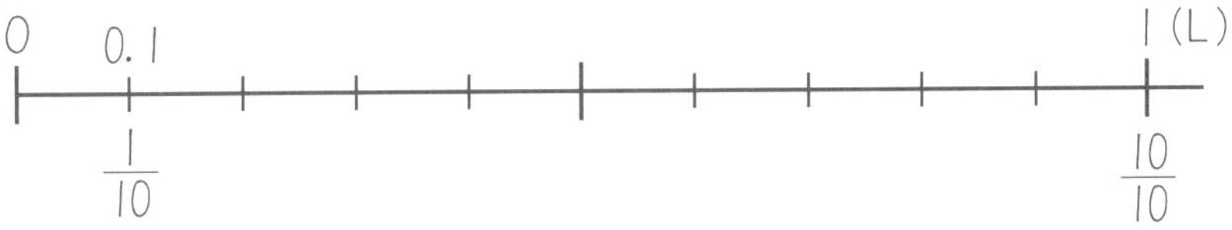


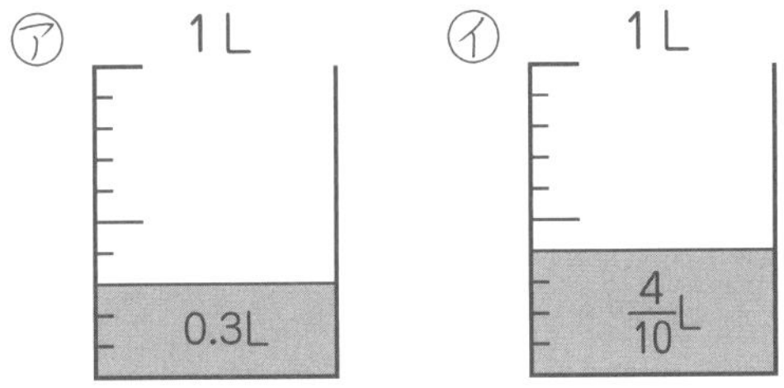

**2.** 下の数直線を見ながら、分数を小数に、小数を分数にしましょう。

① $0.9 =$　　　② $\frac{8}{10} =$

③ $0.4 =$　　　④ $\frac{3}{10} =$

⑤ $0.5 =$　　　⑥ $\frac{7}{10} =$

⑦ $0.3 =$　　　⑧ $\frac{6}{10} =$

**おうちの方へ**

1より小さいはしたの数を小数や分数で表すことを学習してきました。ここでは、小数と分数を相互に変換することを学習します。**2.** ではまだ学習していませんので、約分の必要はありません。



【106ページの答え】①はたけ・だいず・だいこん・うえ・たいせつ・そだてる　②しょうわじだい・にんきもの・し・かなしんだ　③よんかい・いそいで・しゅうごう・がんめん・ながれた　④た（ほか）・そうだん・こくばん・む　⑤いんりょうすい・にばい・も・の・お

# 漢字のふく習 11

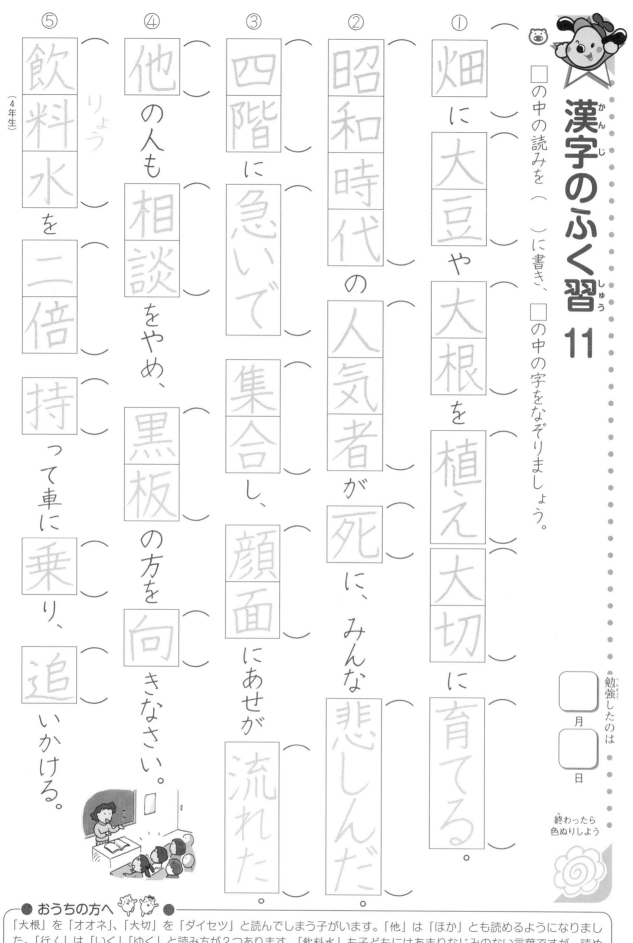

□の中の読みを（　）に書き、□の中の字をなぞりましょう。

① 畑に大豆や大根を植え、大切に育てる。

② 昭和時代の人気者が死に、みんな悲しんだ。

③ 四階に急いで集合し、顔面にあせが流れた。

④ 他の人も相談をやめ、黒板の方を向きなさい。

⑤ 飲料（りょう）水を二倍持って車に乗り、追いかける。

（4年生）

勉強したのは　月　日

終わったら色ぬりしよう

● おうちの方へ ●

「大根」を「オオネ」、「大切」を「ダイセツ」と読んでしまう子がいます。「他」は「ほか」とも読めるようになりました。「行く」は「いく」「ゆく」と読み方が２つあります。「飲料水」も子どもにはあまりなじみのない言葉ですが、読めるようにしましょう。



【105ページの答え】 1.

2. ① $\frac{9}{10}$ ② 0.8 ③ $\frac{4}{10}$ ④ 0.3 ⑤ $\frac{5}{10}$ ⑥ 0.7 ⑦ $\frac{3}{10}$ ⑧ 0.6

# 重さ 1

勉強したのは　□月　□日
終わったら色ぬりしよう

重さは、たんいにした重さが何こ分あるかで表します。
重さのたんいには、**グラム**があります。
1円玉1この重さは1グラム（1g）です。

gの書き方を練習しましょう。

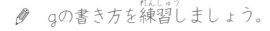

1g g g g g g g g g g g g

次のはかりの目もりを読みましょう（下のはかりは、1キログラムまでの物をはかります）。

①

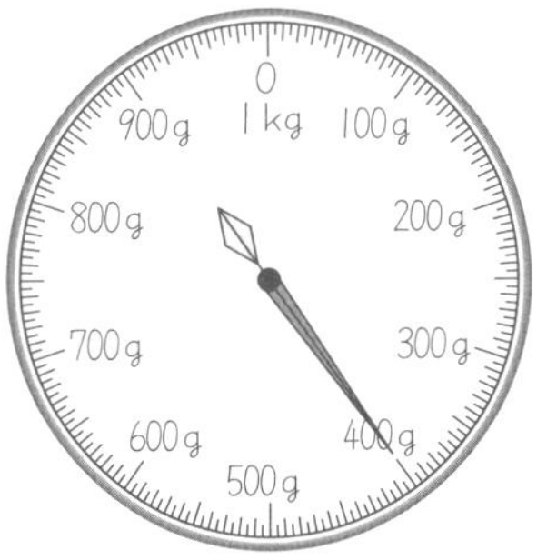


（　　　　　）

②

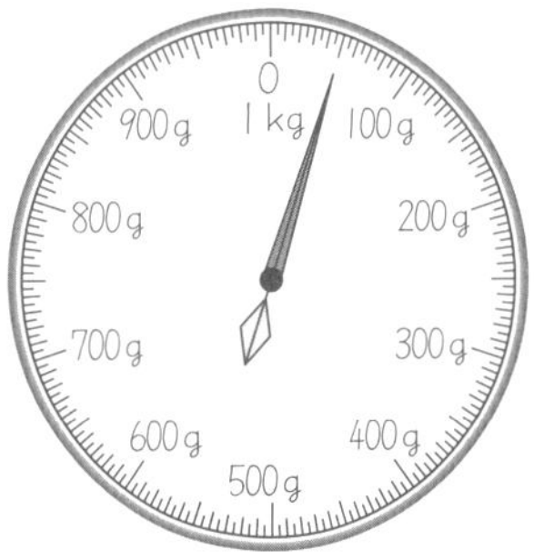


（　　　　　）

③

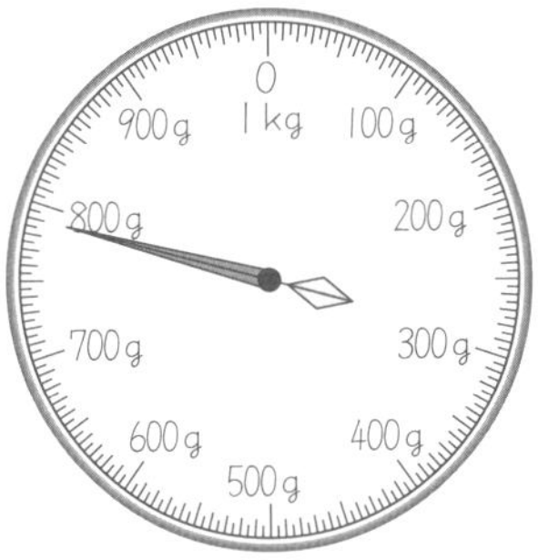


（　　　　　）

④

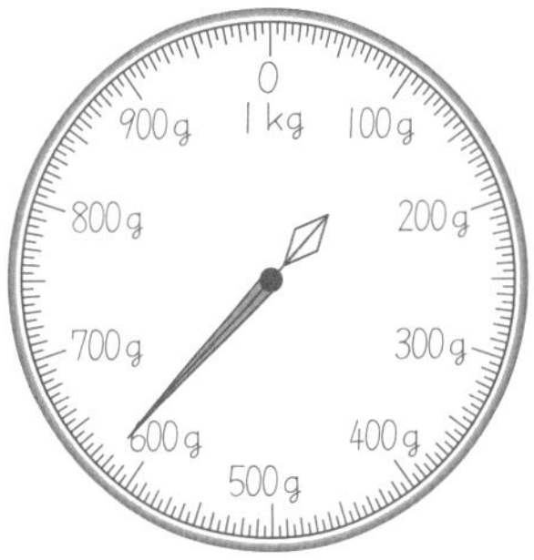


（　　　　　）

**おうちの方へ**

はかりを使うときは、何kgまではかれるはかりかをしっかり見ます。あまり重い物を乗せるとはかりがこわれてしまいます。①では100gごとに目もりを読みます。②は50gごとの少し長い目もりを読みます。③④では少し短い目もり（10g）を読みます。gを必ず書かせます。



【108ページの答え】①畑・大豆・植え・大根・大切・育てる　②昭和時代・人気者・死・悲しんだ　③四階・急いで・集合・顔面・流れた　④他・相談・黒板・向　⑤飲料水・二倍・持・乗・返

# 漢字のふく習 12

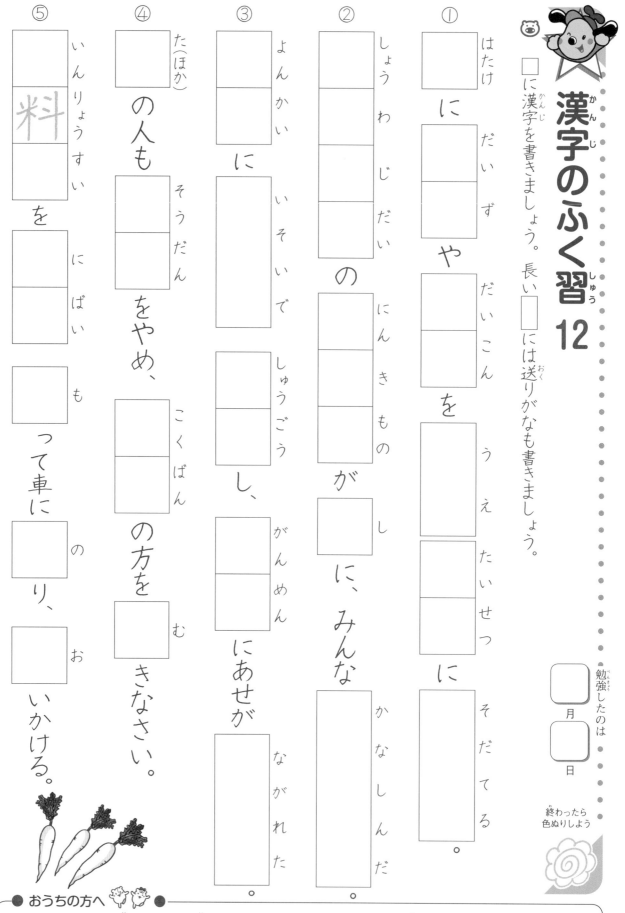

□に漢字を書きましょう。長い□には送りがなも書きましょう。

① □（はたけ）に□□（だいず）や□□（だいこん）を□（うえ）□□（たいせつ）に□（そだてる）。

② □□□□（しょうわじだい）の□□□（にんきもの）が□（し）に、みんな□（かなしんだ）。

③ □□（よんかい）に□（いそいで）□□（しゅうごう）し、□□（がんめん）にあせが□（ながれた）。

④ □（た（ほか））の人も□□（そうだん）をやめ、□□（こくばん）の方を□（む）きなさい。

⑤ □料□（いんりょうすい）を□□（にばい）□（も）って車に□（の）り、□（お）いかける。

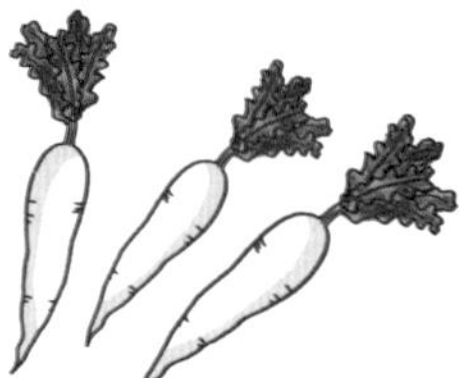

**おうちの方へ**

字形に注意：「根」→「×根」、「切」→「×切」（「七」まげ止めが正しい）、「育」→「×育」（「月」が正しい）、「階」の「×比」に注意。「飲」→「×飲」（「食」しょくへんが○）。送りがなのよくあるまちがい：「育だてる」「急そいで」「流がれた」など。



【107ページの答え】①400g ②50g ③790g ④620g

# 重さ 2

勉強したのは　　月　　日

終わったら色ぬりしよう

1000gを1キログラムといい、1kgと書きます。

kgの書き方を練習しましょう。

1kg

次のはかりの目もりを読みましょう（はかりは、平らな所におきます）。

①

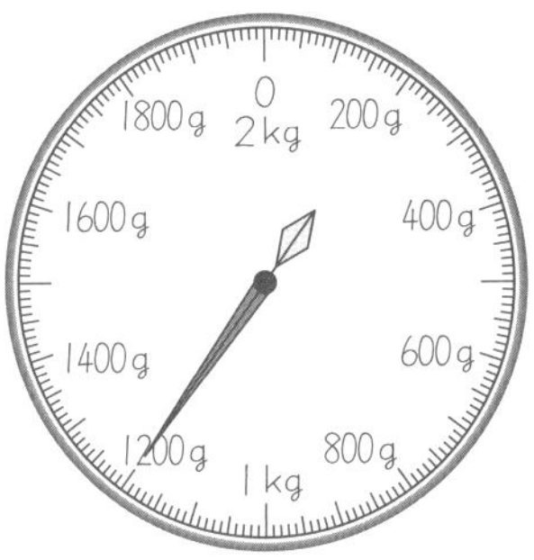


（　kg　　g）

②

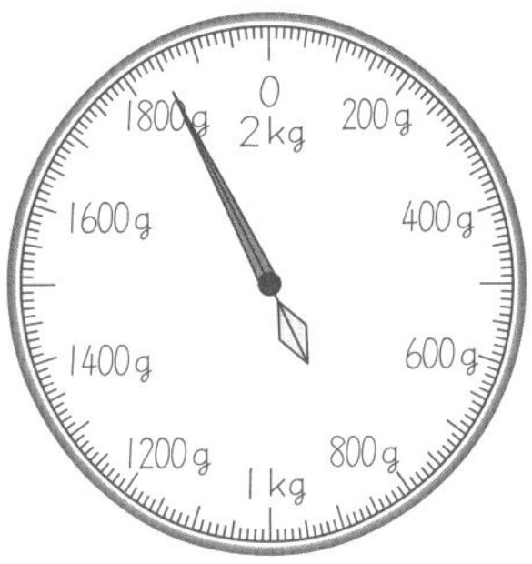


（　kg　　g）

③

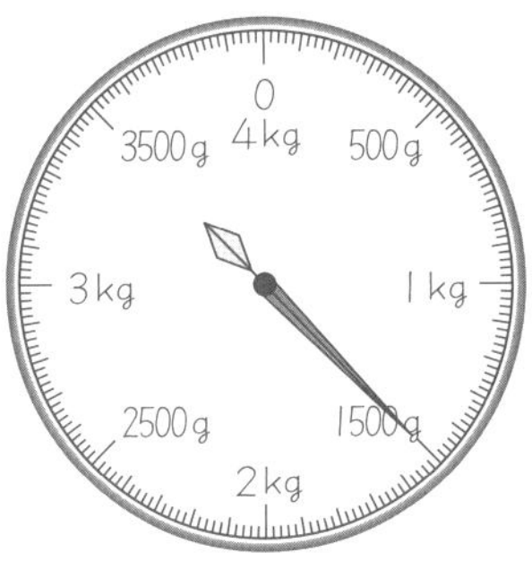


（　kg　　g）

④

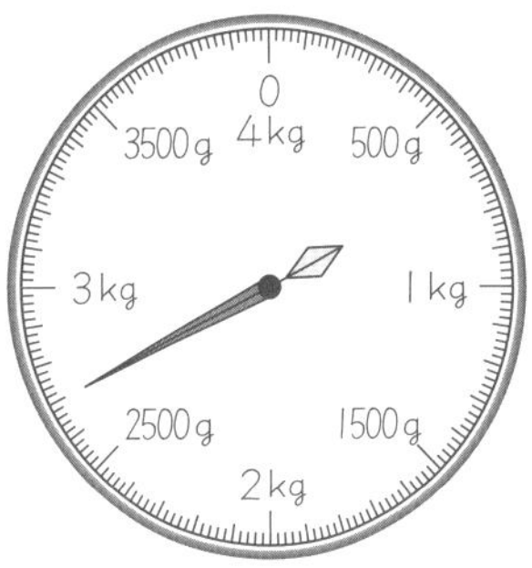


（　kg　　g）

● おうちの方へ ●

kgの書き方では、文字の高さに気をつけさせましょう。目もりのつき方は、はかりによってちがいます。500g、100gなどを見つけるとわかりやすくなります。



【110ページの答え】 ①㋐1 ㋑3 ㋒2 ②㋐2 ㋑3 ㋒1 ③㋐1 ㋑2 ㋒3 ④㋐3 ㋑2 ㋒1

# 言葉の力・おさらい 2

## 国語辞典の使い方

勉強したのは　月　日

終わったら色ぬりしよう

国語辞典に出ているじゅんに、番号をつけましょう。

①
- ㋐（　）遠足
- ㋑（　）べんとう
- ㋒（　）動物園（どうぶつえん）

②
- ㋐（　）つな引き
- ㋑（　）強い
- ㋒（　）月見

③
- ㋐（　）夕日
- ㋑（　）ゆうびん
- ㋒（　）有名（ゆうめい）

④
- ㋐（　）ピザ
- ㋑（　）ひざ
- ㋒（　）ピーナッツ

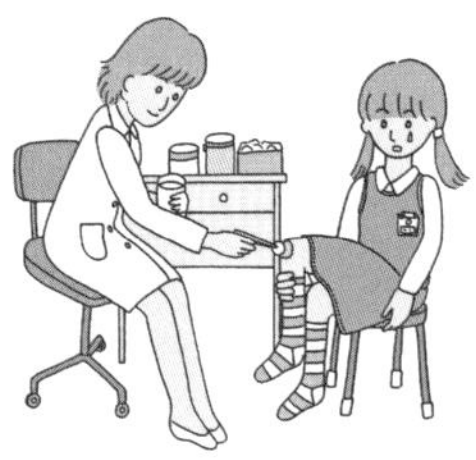

まず漢字（かんじ）に読みがなを打（う）ってみるとわかりやすいよ。


**おうちの方へ**

国語辞典を引くためには、五十音表の一段目を横に「あ・か・さ・た・な・は・ま・や・ら・わ」がすらすら言えることが必要です。まず「゛」や「゜」を除いた五十音順で考え、次に「清音→濁音（゛）→半濁音（゜）→小さく書く音（ゃ・ゅ・ょ・っ）」の順に出ているものがほとんどです。カタカナはひらがなに直して考えます。



【109ページの答え】①1kg200g　②1kg850g　③1kg500g　④2kg700g

# 重さ 3

勉強したのは　　月　　日
終わったら色ぬりしよう

1kg500gのことを1500gともいいます。

**1.** 次の重さを、gで表しましょう。

① 1kg 300g ⟶ ＿＿＿＿ g

② 1kg 600g ⟶ ＿＿＿＿ g

③ 1kg 800g ⟶ ＿＿＿＿ g

④ 1kg 550g ⟶ ＿＿＿＿ g

3450gのことを3kg 450gともいいます。

**2.** 次の重さを、kgとgで表しましょう。

① 1500g ⟶ ＿＿＿＿

② 2330g ⟶ ＿＿＿＿

③ 3050g ⟶ ＿＿＿＿

④ 3090g ⟶ ＿＿＿＿

**おうちの方へ**

1kg＝1000gということをしっかり押さえておきましょう。



【112ページの答え】①てつ・うんどう・あと・いき・ととのえた　②さかみち・ころんで・かわ
③たいへいよう・なみ・しま・かいがん・およぐ　④みどりいろ・さら・あぶら・ゆ　とる
⑤りゅうこう・ふく・き・かぞくしゃしん

# 漢字のふく習 13

□の中の読みを（　）に書き、□の中の字をなぞりましょう。

① 鉄ぼう運動の後、息を整えた。

② 坂道で転んで手の皮がむけた。

③ 太平洋の波がしずかな島の海岸で泳ぐ。

④ 緑色の皿の油を湯であらって取る。

⑤ 流行の服を着て、家族写真をとった。

勉強したのは　月　日

終わったら色ぬりしよう

**おうちの方へ**

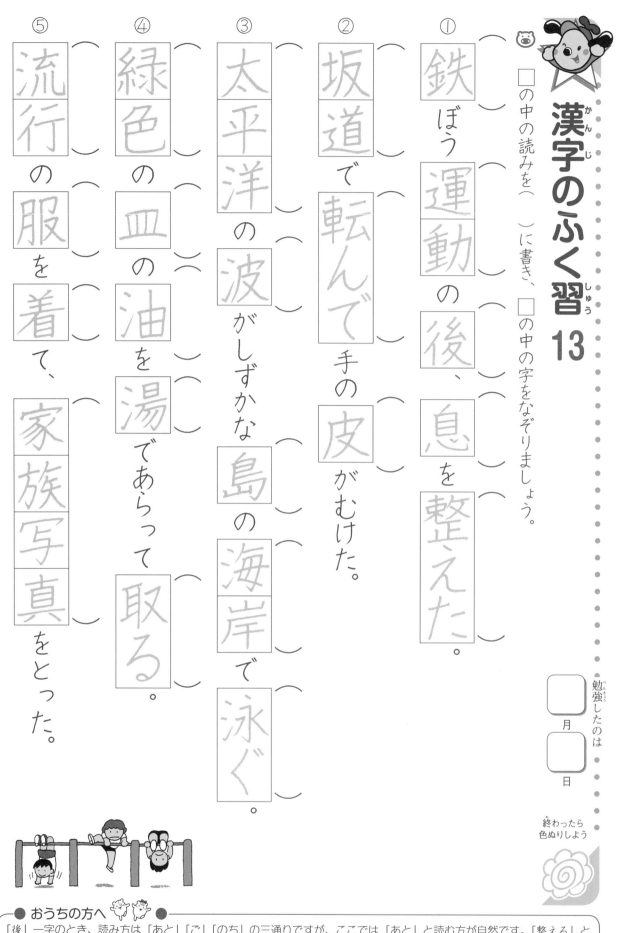

「後」一字のとき、読み方は「あと」「ご」「のち」の三通りですが、ここでは「あと」と読む方が自然です。「整える」という言い方は子どもにはなじみが少ないですが、読めて書けるように。「速い」はスピードを表し、「早い」は時期や時刻、タイミングなどを表します。



【111ページの答え】1. ①1300g ②1600g ③1800g ④1550g
2. ①1kg500g ②2kg330g ③3kg50g ④3kg90g

# 重さ 4

勉強したのは　□月　□日

終わったら色ぬりしよう

**1.** 重さ600gのかばんに780gの荷物を入れました。何kg何gになるでしょう。

式

1000g＝1kg
だったね。

答え ＿＿＿＿＿＿＿＿

**2.** 荷物を入れたかばんをはかったら、1kg500gありました。かばんだけはかると750gでした。荷物の重さは何gでしょう。

式

答え ＿＿＿＿＿＿＿＿

**3.** 次の□に重さのたんいを書きましょう。

① かんジュース1本の重さ………………… 370 □

② たまご1この重さ………………………… 65 □

③ たける君の体重 ………………………… 27 □

④ お米1ふくろの重さ……………………… 10 □

ORANGE
JUICE

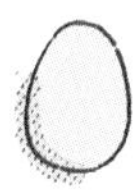

**おうちの方へ**

重さもたし算やひき算ができることを理解させます。買い物に行ったとき、食べ物の外装に書いている重さを確かめるようにすると、重さが身近なものになりますね。お米5kgぐらいだったら3年生でも持てますね。

【114ページの答え】①鉄・運動・後・息・整えた　②坂道・転んで・皮　③太平洋・波・島・海岸・泳ぐ　④緑色・皿・油・湯・取る　⑤流行・服・着・家族写真

# 漢字のふく習 14

□に漢字を書きましょう。長い□には送りがなも書きましょう。

① □（てつ）ぼう□□（うんどう）の□（あと）、□（いき）を□（ととのえた）。

② □□（さかみち）で□（ころんで）手の□（かわ）がむけた。

③ □□□（たいへいよう）の□（なみ）がしずかな□（しま）の□□（かいがん）で□（およぐ）。

④ □□（みどりいろ）の□（さら）の□（あぶら）を□（ゆ）であらって□（とる）。

⑤ □□（りゅうこう）の□（ふく）を□（き）て、□□□□（かぞくしゃしん）をとった。

勉強したのは　□月　□日

終わったら色ぬりしよう

● おうちの方へ ●

「整」は字形も送りがなもむずかしいので、しっかり頭に入れておきましょう。字形に注意：「泳」→「泳(×)」、「着」→「⺷」のように「ノ」を上からひと筆で書くのは×（正しい筆順：⺷ ⺷ 着）。送りがなのよくあるまちがい：「転ろんで」。



【113ページの答え】1．600+780=1380　1kg380g　2．1kg500g=1500g　1500−750=750　750g
3．① g　② g　③ kg　④ kg

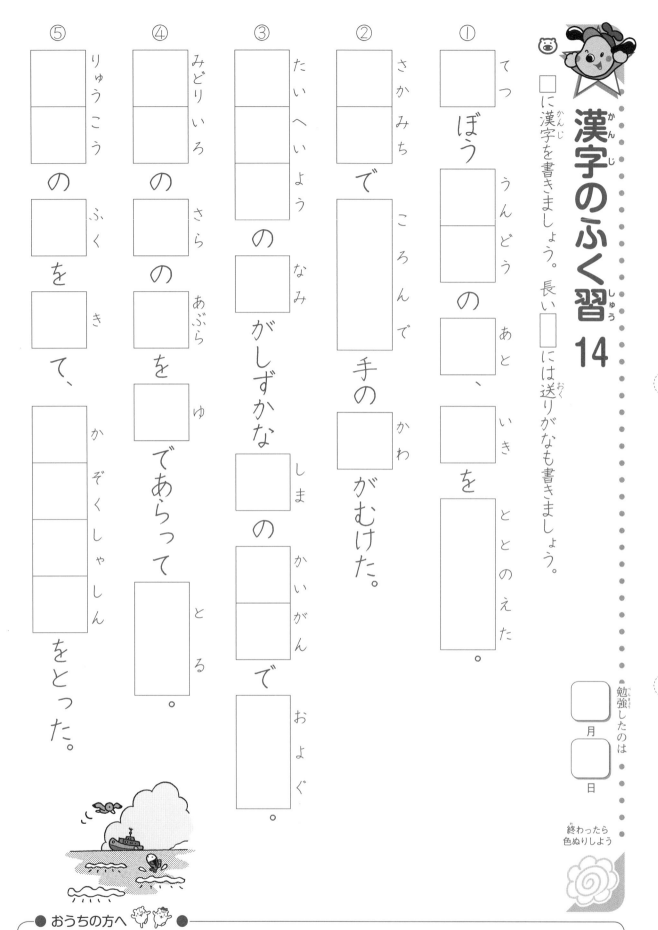

# 重さ 5

勉強したのは　月　日

終わったら色ぬりしよう

神戸市では、１家庭１か月で、およそ24tの水を使います。1000kg＝１tですので24000kgです。２年生（体重はだいたい24kg）1000人分の重さです。

tの書き方を練習しましょう。

t t t t t t t t t t t t t t t

トン（t）も重さのたんいです。

（　　）に重さのたんいを書きましょう。

① トラックに１ふくろ10（　　）の米ぶくろを100こつみました。全部で1000（　　）です。１（　　）ともいいます。

② マンションの屋上の水そうに３（　　）の水が入っています。

③ 学校のプールに250（　　）の水が入っています。

④ ゾウの体重は３（　　）、生まれたばかりの人の赤ちゃんの体重は３（　　）ぐらいです。

**おうちの方へ**

トン（t）は、大きな単位で子どもたちが１tもの物を動かしたり持ち上げたりはできません。とても重いということを、学校のプールやゾウの体重から想像させてください。



【116ページの答え】①しぎょうしき・がっきゅうぶんこ・かえす　②りっきょう・どうろ・はんたい・いく（ゆく）③あおもりけん・ゆうめい・のうさくぶつ・はこ　④あきまつり・つかった・すみび・け　⑤せかいへいわ・びょうどう・こうふく

# 漢字のふく習 15

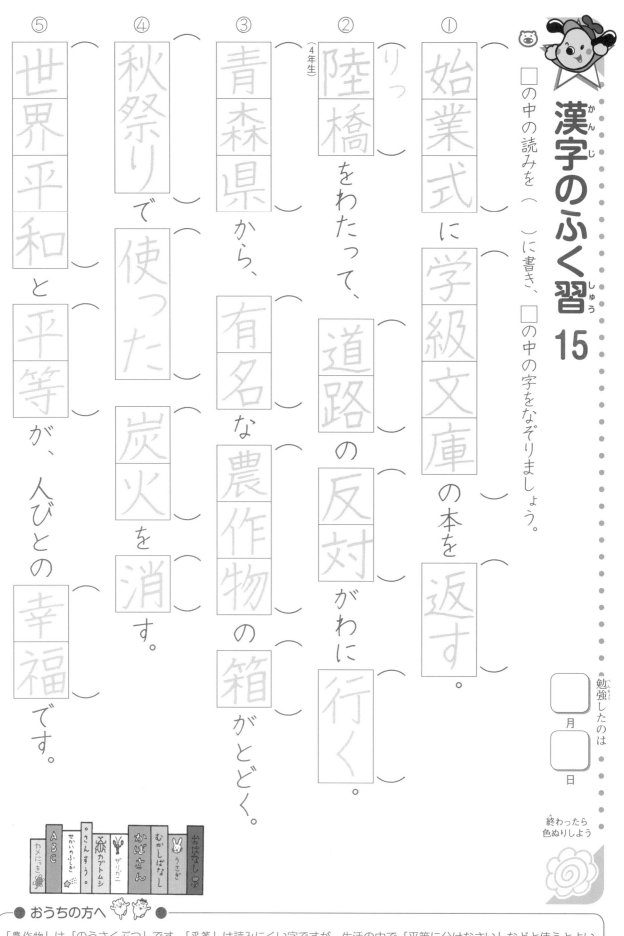

□の中の読みを（　）に書き、□の中の字をなぞりましょう。

勉強したのは　□月　□日

① 始業式（　　）に学級文庫（　　）の本を返す（　）。

②（4年生） 陸橋（りっ　）をわたって、道路（　　）の反対（　　）がわに行く（　）。

③ 青森県（　　）から、有名（　　）な農作物（　　）の箱（　）がとどく。

④ 秋祭り（　　）で使った（　　）炭火（　　）を消す（　）。

⑤ 世界平和（　　）と平等（　　）が、人びとの幸福（　　）です。

終わったら色ぬりしよう

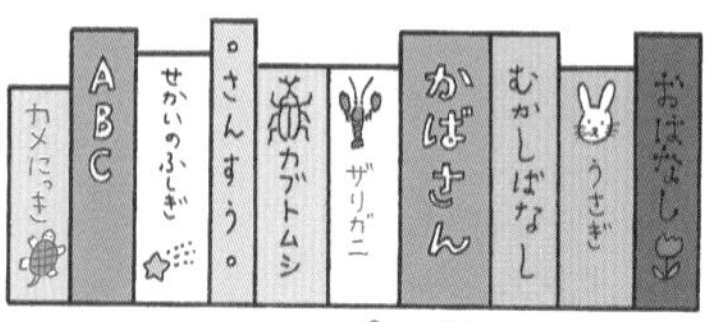


**おうちの方へ**

「農作物」は「のうさくぶつ」です。「平等」は読みにくい字ですが、生活の中で「平等に分けなさい」などと使うとよいですね。

# ナゾトキ☆クエスト　にんじゃ へん

ステージ 3

ひめを、助けなければ…。
その体ではむりです。ボクが行きます！
すまん、リオ。カラスてんぐは、西の山にいる。気をつけて行くのじゃぞ。
はい！ししょう。

計算の答えが書いてある方の道を通って、ゴールに向かおう。

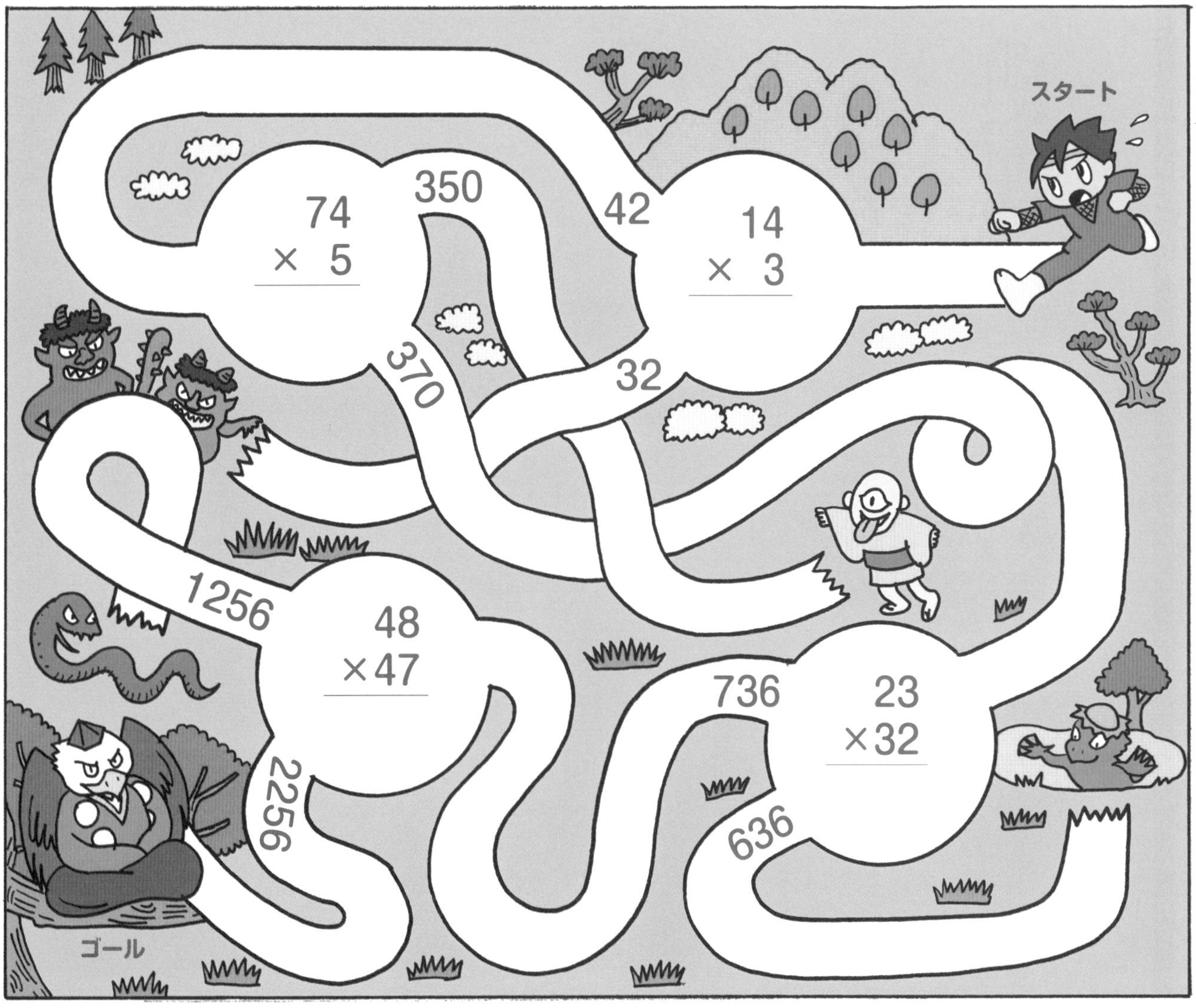


131ページにつづく。

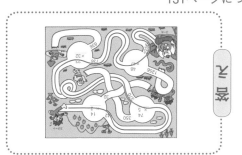

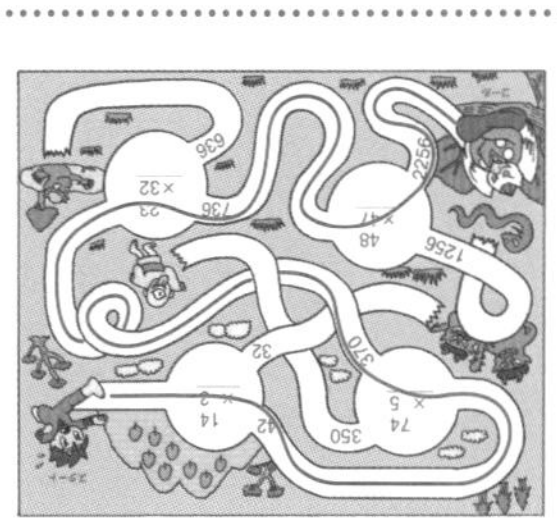

答え

# おまけ

●漢字のなぞなぞです。答えを□に書きましょう。

①田んぼで力しごとをするのは、だれ？　□

②門のむこうで、口をあけて、何するの？　□う

③木をすい直にたてて、どうするの？　□える

④晴れの日の色は、何色？　□

答え

①男　②問　③植　④青

# 重さ 6

勉強したのは　□月　□日

終わったら色ぬりしよう

**1.** □に数を書きましょう。

1g　→　①□倍　→　1kg　→　②□倍　→　1t

**2.** どちらが重いでしょう。重い方に○をしましょう。

①　(　　　)ア．1000kgの荷物
　　(　　　)イ．2tの荷物

②　(　　　)ア．屋上の水そうの1tの水
　　(　　　)イ．給水車の1500kgの水

③　(　　　)ア．500gの鉄の玉
　　(　　　)イ．1kgの米

④　(　　　)ア．2tづみのトラックいっぱいの荷物
　　(　　　)イ．1500kgづみのトラックいっぱいの荷物

⑤　(　　　)ア．ゾウが一日に食べた150kgのえさ
　　(　　　)イ．カバの体重（2t）

**おうちの方へ**

g、kg、tが1000倍、1000倍になっていることを「へぇ、どちらも1000倍だ」と感じとってくれたでしょうか。ここがポイントです。1000kg＝1tを頭に入れて問題を考えさせてください。

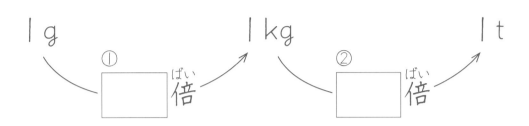

【120ページの答え】①始業式・学級文庫・返す　②陸橋・道路・反対・行く　③青森県・有名・農作物・箱
④秋祭り・使った・炭火・消　⑤世界平和・平等・幸福

# 漢字のふく習 16

□に漢字を書きましょう。長い□には送りがなも書きましょう。

① □□□（しぎょうしき）に□□□□（がっきゅうぶんこ）の本を□（かえす）。

② 陸□（りっきょう）をわたって、□□（どうろ）の□□（はんたい）がわに□（いく（ゆく））。

③ □□□（あおもりけん）から、□□（ゆうめい）な□□□（のうさくぶつ）の□（はこ）がとどく。

④ □（あきまつり）で□（つかった）□□（すみび）を□（け）す。

⑤ □□□□（せかいへいわ）と□□（びょうどう）が、人びとの□□（こうふく）です。

勉強したのは □月 □日

終わったら色ぬりしよう

**おうちの方へ**

字形に注意：「業」の「业」は「业」や「业」にならないように。「路」の「⻊」は「⻊」「⻊」、「有」→「有」。
送りがなのよくあるまちがい：「返えす」「祭」（「り」がない）、「使かう」など。



【119ページの答え】 1. ①1000 ②1000 2. ①イ ②イ ③イ ④ア ⑤イ

# 長さ 1

勉強したのは　　月　　日

終わったら色ぬりしよう

次の図を見て答えましょう。

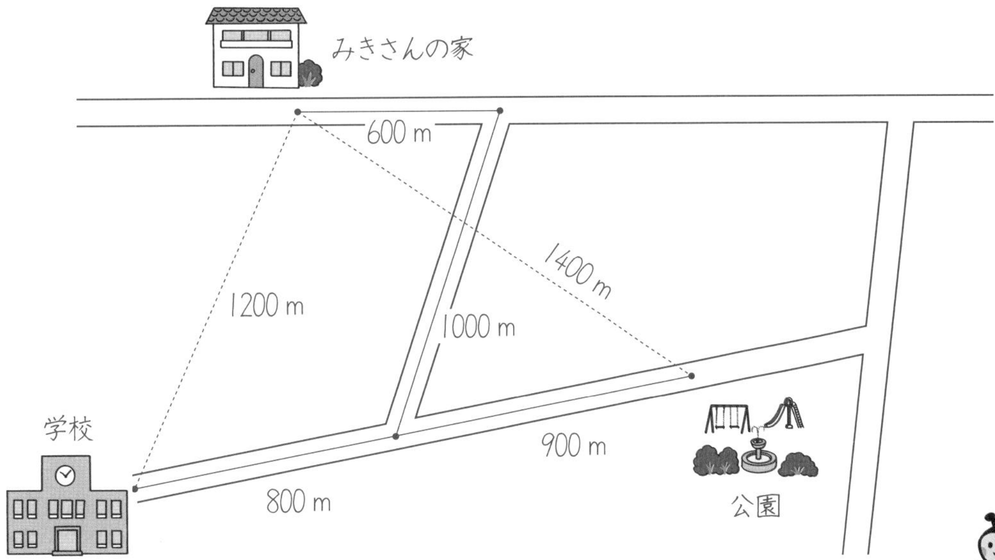


道にそってはかった長さを「**道のり**」といいます。

**1.** みきさんの家から学校までの**道のり**は、何mでしょう。
また、家から公園までの**道のり**は、何mでしょう。

① 学校まで　　　　　m　　② 公園まで　　　　　m

地図の上などで2つの地点をまっすぐにはかった長さを「**きょり**」といいます。

**2.** みきさんの家から学校までの**きょり**は、何mでしょう。
また、家から公園までの**きょり**は、何mでしょう。

① 学校まで　　　　　m　　② 公園まで　　　　　m

**おうちの方へ**

道のりと距離のちがいを、絵でしっかり確かめさせましょう。大人も道のりと距離をよく混同します。



**【122ページの答え】** ①は・み・えのぐ・ふで・え　②つぎ・ごう・かいかいしき・ばしょ・し
③かんじ・いみ・がくしゅう・たいせつ　④とうじょうじんぶつ・どうさ・かんそう・かた
⑤こうてい・まんなか・とうきゅうれんしゅう

# 漢字のふく習 17

□の中の読みを（　）に書き、□の中の字をなぞりましょう。

① 色づいた葉（　）と実（　）を絵の具（　の　）と筆（　）で絵（　）にかいた。

② 次（　）の号（　）で、開会式（　）の場所（　）を知（　）らせます。

③ 漢字（　）の意味（　）を学習（　）するのは大切（　）だ。

④ 登場人物（　）の動作（　）の感想（　）を語（　）る。

⑤ 校庭（　）の真ん中（　ん　）で投球練習（　）をする。（ボールを投げる練習）

勉強したのは　　月　　日

終わったら色ぬりしよう

● おうちの方へ ●

「色づく」とは秋に葉が黄色や赤になっていくことをいうと教えてあげましょう。絵のときは「書く」ではないのでひらがなで書いてあります（描く）。「作」は「さ」と読みにくいですが、ほかに「作業」もありますね。

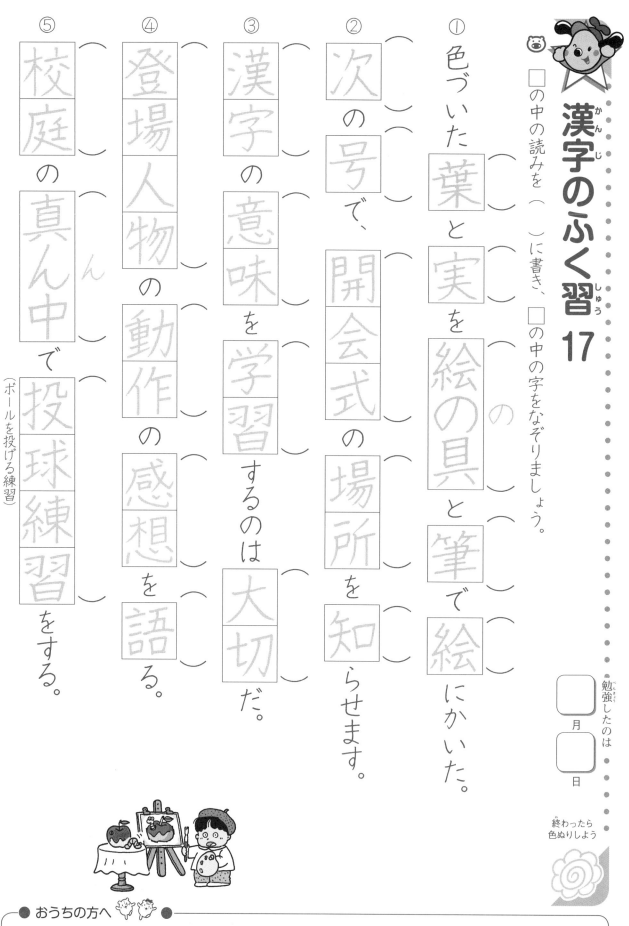

【121ページの答え】1．①2400m　②2500m　2．①1200m　②1400m

# 長さ 2

勉強したのは　月　日
終わったら色ぬりしよう

長い道のりなどを表すのにkmのたんいを使います。
これをキロメートルと読みます。

$$1\,\mathrm{km} = 1000\,\mathrm{m}$$

kmの書き方をていねいに練習しましょう。

①② km km km km km km km

*

| km | | | m |
|---|---|---|---|
| 1 | 1 | 5 | 0 |

1150mは、1km150mです。

次の□にあてはまる数を入れましょう。

① 1km＝□m

② 4km＝□m

③ 6000m＝□km

④ 10000m＝□km

⑤ 1400m＝□km□m

⑥ 2350m＝□km□m

⑦ 2km600m＝□m

⑧ 5km550m＝□m

● おうちの方へ ●

新しい単位kmの学習です。mに直して表したり、kmとmの両方使って表したりします。上の表(*)を使うと便利です。



【124ページの答え】①葉・実・絵の具・筆・絵　②次・号・開会式・場所・知　③漢字・意味・学習・大切　④登場人物・動作・感想・語　⑤校庭・真ん中・投球練習

# 漢字のふく習 18

□に漢字を書きましょう。長い□には送りがなも書きましょう。

勉強したのは　月　日

終わったら色ぬりしよう

① 色づいた□（は）と□（み）を□（えのぐ）と□（ふで）で□（え）にかいた。

② □（つぎ）の□（ごう）で、□□□（かいかいしき）の□□（ばしょ）を□（し）らせます。

③ □□（かんじ）の□□（いみ）を□□（がくしゅう）するのは□□（たいせつ）だ。

④ □□□□（とうじょうじんぶつ）の□□（どうさ）の□□（かんそう）を□（かた）る。

⑤ □□（こうてい）の□（まんなか）で□□□□（とうきゅうれんしゅう）をする。

**おうちの方へ**

「登場人物」とは、ぶ台や映画、物語などであらわれる人のことです。
「実」→「実」、「筆」→「筆」、「球」→「球」です。書けなかった字は何度も書いて覚えておきましょう。



【123ページの答え】①1000 ②4000 ③6 ④10 ⑤1 400 ⑥2 350 ⑦2600 ⑧5550

# 式 1

勉強したのは　□月　□日
終わったら色ぬりしよう

**1**．次の計算を言葉でせつ明しましょう。

① はじめに一の位の計算をします。
2＋7＝9　　9を一の位に書きます。

② 次に（　　　位）の計算をします。
8＋2＝10　　十の位に0を書きます。
1はくり上がっているので（　　　位）に小さく書きます。

| 千の位 | 百の位 | 十の位 | 一の位 |
|---|---|---|---|
| | 3 | 8 | 2 |
| ＋ | 6 | 2 | 7 |
| 1 | 0[1] | 0 | 9 |

③ 次に（　　　位）の計算をします。
3＋6とくり上がった1を足して10。

④ 百の位は（　　　）、（　　　位）は、くり上がった1。

⑤ 答えは 1009 です。

**2**．100円出して、90円のジュースを買ったら、おつりは10円でした。
これを言葉の式にすると
（持っていたお金）－（　　　　　）＝（　　　　）となります。

**3**．お兄さんは500円持って買い物に行き、□円の物を買いました。おつりは230円だそうです。これを□を使った式で表しましょう。

**4**．おかしを1人に3こずつ配りました。□人に配ったら、ぜんぶで27こでした。これを□を使った式で表しましょう。

● おうちの方へ ●
計算はできるが、その過程をふり返って、言葉で説明してみる。そのことで物事を順序だてて、理解し説明する力を養います。また言葉や□を使った問題も、順序だてて思考することをねらっています。



【126ページの答え】①はやお・まいあさ・はしった・とう　②きょうとえき・きゅうしゅうりょこう・みおくる　③きょう・としょかん・ひらく・まえ・ぎょうれつ　④きみ・だいさんかい・はっぴょうかい・よてい・き　⑤きょねん・よこ・やっきょく・にがい・くすり・か

# 漢字のふく習 19

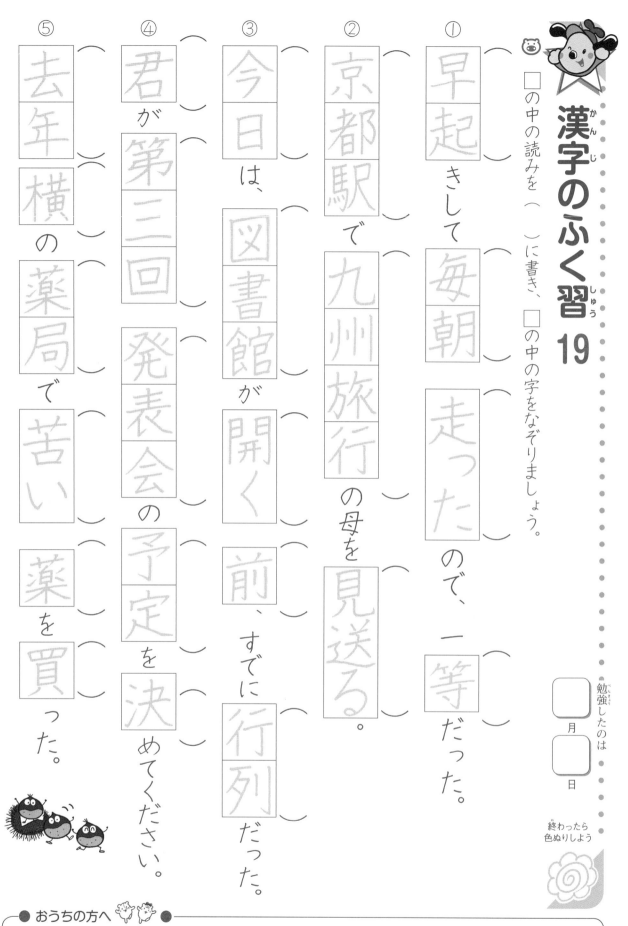

□の中の読みを（　）に書き、□の中の字をなぞりましょう。

勉強したのは　月　日

終わったら色ぬりしよう

① 早起きして毎朝走ったので、一等だった。

② 京都駅で九州旅行の母を見送る。

③ 今日は、図書館が開く前、すでに行列だった。

④ 君が第三回発表会の予定を決めてください。

⑤ 去年横の薬局で苦い薬を買った。

**おうちの方へ**

「開く」は「ひらく」も「あく」もどちらでも○。「今日」は「きょう」とも「こんにち」とも読みますが、文脈から判断します。ここでは「きょう」でないと変ですね。



【左ページの答え】 1. ②十の位・百の位　③百の位　④0・千の位
2. （持っていたお金）−（代金またはジュース代）＝（おつり）
3. 500−□＝230　4. 3×□＝27

# 式 2

勉強したのは　□月　□日
終わったら色ぬりしよう

**1.** □の中にあてはまる数を書きましょう。

① $3+\square=12$　　② $13-\square=5$

③ $6\times\square=42$　　④ $56\div\square=7$

⑤ $\square+4=32$　　⑥ $\square-26=50$

**2.** □の中にあてはまる数を書きましょう。

① $3\times8=8\times\square$　　② $23+6=6+\square$

**3.** □の左右の大きさをくらべて、不等号（＜，＞）か等号（＝）を□に書きましょう。

① $\frac{1}{4}\ \square\ \frac{3}{4}$　　② $1\ \square\ \frac{6}{6}$

③ $0.3\ \square\ \frac{3}{10}$　　④ $8\times6\ \square\ 50$

⑤ $28\div7\ \square\ 5$　　⑥ $8\ \square\ 30-22$

**おうちの方へ**

**1.** の計算は、逆の方法で求めることができることを確める問題です。**2.** は交換の法則（まとめては４年で学習）です。
**3.** ２年生で＜，＞は学習しています。不等号、等号の名前は３年生の学習です。



【128ページの答え】①早起・毎朝・走った・等　②京都駅・九州旅行・見送る　③今日・図書館・開く・前・行列　④君・第三回・発表会・予定・決　⑤去年・横・薬局・苦い・薬・買

# 漢字のふく習 20

□に漢字を書きましょう。長い□には送りがなも書きましょう。

① □□（はやお）きして□□（まいあさ）□（はしった）ので、一□（とう）だった。

② □□□（きょうとえき）で□□□□（きゅうしゅうりょこう）の母を□（みおくる）。

③ □□（きょう）は、□□□（としょかん）が□（ひらく）□（まえ）、すでに□□（ぎょうれつ）だった。

④ □（きみ）が□□□（だいさんかい）□□□（はっぴょうかい）の□□（よてい）を□（き）めてください。

⑤ □□（きょねん）□（よこ）の□□（やっきょく）で□（にがい）□（くすり）を□（か）った。

勉強したのは □月 □日

終わったら色ぬりしよう

● おうちの方へ ●

「はしった」「みおくる」「ひらく」「にがい」は正しく書けたでしょうか。「第」は「第」にならないように、「列」も「列」のまちがいがよくあります。



【127ページの答え】 1. ①9 ②8 ③7 ④8 ⑤28 ⑥76 2. ①3 ②23
3. ①< ②= ③= ④< ⑤< ⑥=

# ふくしゅう 1

勉強したのは　□月　□日
終わったら色ぬりしよう

**1**．次の□に数を書きましょう。

① 7×□＝0

② □×9＝0

③ 8×5＝5×□

④ 3×6＝□×3

**2**．次のわり算をしましょう。

① 49÷7＝

② 36÷6＝

③ 45÷5＝

④ 26÷3＝

⑤ 58÷8＝

⑥ 41÷6＝

**3**．次の計算をしましょう。

① 527＋295

② 568＋973

③ 953－321

④ 684－266

⑤ 813－376

**おうちの方へ**

このページから３年生の「ふくしゅう」です。今まで学習したことを思い出しながら、落ち着いてやらせましょう。



【130ページの答え】①星は・きれいだ・冬の　②動物園が・ある・すごい　③コスモスが・さく・庭で・美しく
④主語なし・食べました・おぞうにの　⑤くまは・えんそくするよ・楽い

# 言葉の力・おさらい 3 文の仕組み

勉強したのは　月　日

終わったら色ぬりしよう

次の文の主語に――を、述語に＝を、□をくわしくしている言葉（修飾語）に〜〜を引きましょう。

① 冬の [夜空] の 星は、とても きれいだ。

② 北海道に、すごい [人気] の 動物園が ある。

③ たくさんの コスモスが、庭で 美しく [さく]。

④ おぞうにの [もち] を 三こも 食べました。

⑤ 寒い [冬] の 間、冬みんするよ、くまは。

主語がかくれて（しょうりゃくされて）いるものや、後ろにきているのもあるよ。

● おうちの方へ ●

「何は」「だれが」にあたる言葉が主語、「どうした」「どうだ」にあたる言葉が述語で、修飾語は主語や述語を詳しくしています。主語が先にあるのが基本形ですが、④のように主語が省略されていたり、⑤のように順番が述語と入れかわっていたりする場合もよくあります。また、③のように複数の修飾語で主語や述語を詳しくすることもあります。



【129ページの答え】1. ①0 ②0 ③8 ④6 2. ①7 ②6 ③9 ④8…2 ⑤7…2 ⑥6…5
3. ①822 ②1541 ③632 ④418 ⑤437

来たな、リオ。
ここから先は、
通さないぜ！

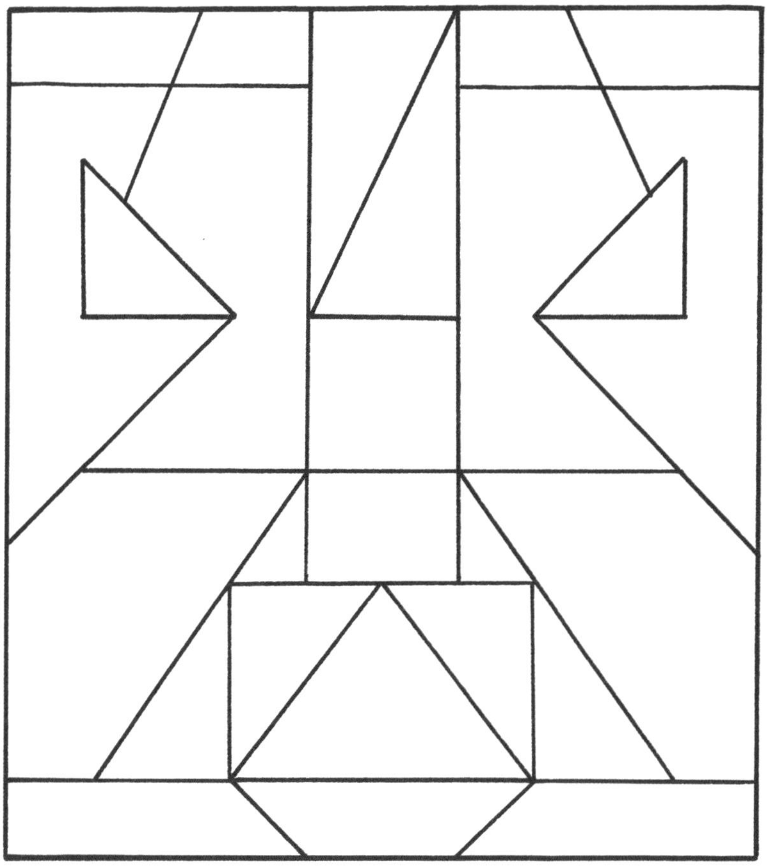

火とんのじゅつで、カラスてんぐをやっつけよう！
直角三角形、正方形、長方形に赤く色をぬると、文字がうかび上がるぞ！

た、
助けて～、
おやぶ～ん。

大じょうぶですか、ひめ？
ありがとう、助かったわ！

おしまい！

答え

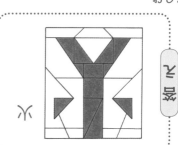

# おまけ

●（　）の中に入らない動物（どうぶつ）はどれ？

①（　）も木から落（お）ちる。

②（　）も歩けばぼうにあたる。

③（　）の耳にねんぶつ。

答え

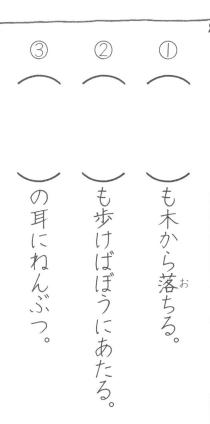

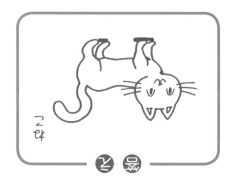

答え

# ふくしゅう 2

勉強したのは　月　日
終わったら色ぬりしよう

**1**. 計算しましょう。

① 69÷3　　② 84÷2　　③ 48÷4

**2**. 次の時間をもとめましょう。

① 1分＝（　　秒）　② あと5秒で1分間になる時間（　　）

**3**. はんごとに読んだ本のさつ数をまとめました。表をもとに、ぼうグラフに表しましょう。

《1か月に読んだ本》

| はん | さつ数 |
|---|---|
| 1 | 18 |
| 2 | 28 |
| 3 | 22 |
| 4 | 26 |
| 合計 | 94 |

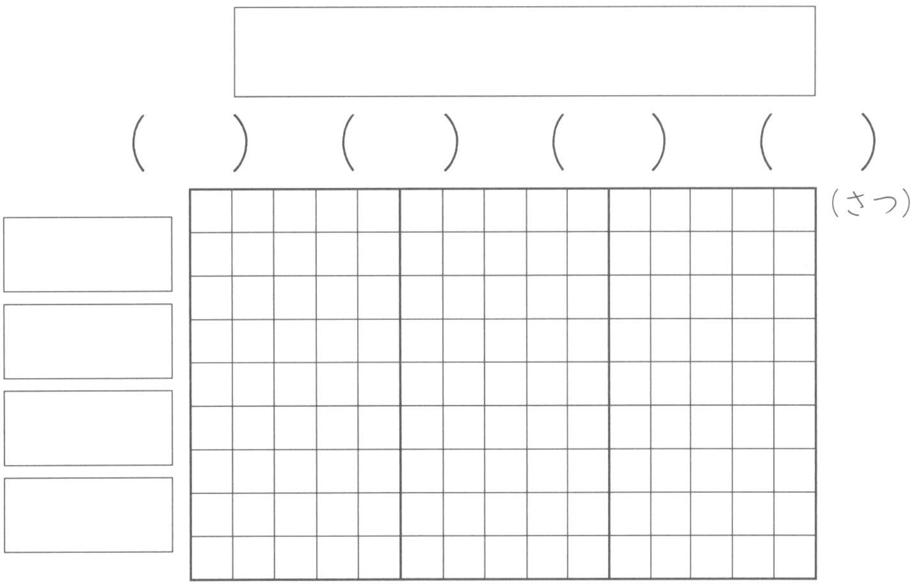


● おうちの方へ ●

復習ですから、わかりにくいときは前期や、本書の問題にもどってもう一度勉強させましょう。

# ローマ字 1

下のローマ字表(ひょう)をじゅんに読みましょう。

a・i・u・e・oとたてのk・s・t…を組み合わせて、五十音を表(あらわ)しています。

| | A | I | U | E | O | | | |
|---|---|---|---|---|---|---|---|---|
| | あ a | い i | う u | え e | お o | | | |
| K | か ka | き ki | く ku | け ke | こ ko | きゃ kya | きゅ kyu | きょ kyo |
| S | さ sa | し si [shi] | す su | せ se | そ so | しゃ sya [sha] | しゅ syu [shu] | しょ syo [sho] |
| T | た ta | ち ti [chi] | つ tu [tsu] | て te | と to | ちゃ tya [cha] | ちゅ tyu [chu] | ちょ tyo [cho] |
| N | な na | に ni | ぬ nu | ね ne | の no | にゃ nya | にゅ nyu | にょ nyo |
| H | は ha | ひ hi | ふ hu [fu] | へ he | ほ ho | ひゃ hya | ひゅ hyu | ひょ hyo |
| M | ま ma | み mi | む mu | め me | も mo | みゃ mya | みゅ myu | みょ myo |
| Y | や ya | | ゆ yu | | よ yo | | | |
| R | ら ra | り ri | る ru | れ re | ろ ro | りゃ rya | りゅ ryu | りょ ryo |
| W | わ wa | | | | を o [wo] | | | |
| N | ん n | | | | | | | |
| G | が ga | ぎ gi | ぐ gu | げ ge | ご go | ぎゃ gya | ぎゅ gyu | ぎょ gyo |
| Z | ざ za | じ zi [ji] | ず zu | ぜ ze | ぞ zo | じゃ zya [ja] | じゅ zyu [ju] | じょ zyo [jo] |
| D | だ da | ぢ di | づ du | で de | ど do | | | |
| B | ば ba | び bi | ぶ bu | べ be | ぼ bo | びゃ bya | びゅ byu | びょ byo |
| P | ぱ pa | ぴ pi | ぷ pu | ぺ pe | ぽ po | ぴゃ pya | ぴゅ pyu | ぴょ pyo |

[ ] の中にしめした書き方もあります。

勉強(べんきょう)したのは　月　日

終わったら色ぬりしよう

● おうちの方へ ●

3年生からローマ字を学習します。駅名や道路案内によく使われます。パソコンで日本語を打つのにローマ字入力が多く使われています。



【133ページの答え】 1. ①23 ②42 ③12 2. ①60 ②55秒 3.

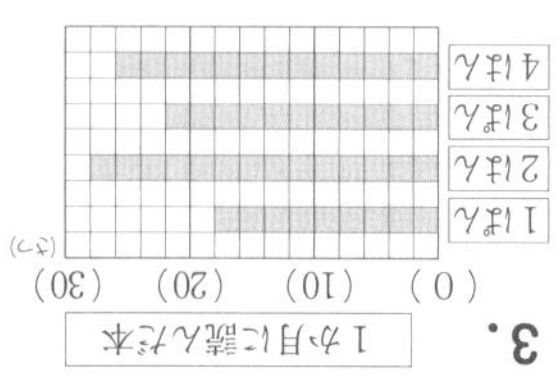

# ふくしゅう 3

勉強(べんきょう)したのは　□月　□日
終わったら色ぬりしよう

**1.** □に数を書きましょう。

① 39872は、やく□万　　② 80＋□＝100

③ 61057928の百万の位(くらい)の数字は□で、千万の位(くらい)の数字は□です。

④ 100万を4こ、10万を7こ、1万を3こ合わせた数は□です。

**2.** 下の三角形をなかま分けして、表(ひょう)に記号(きごう)を書きましょう。2回使(つか)うものもあります。

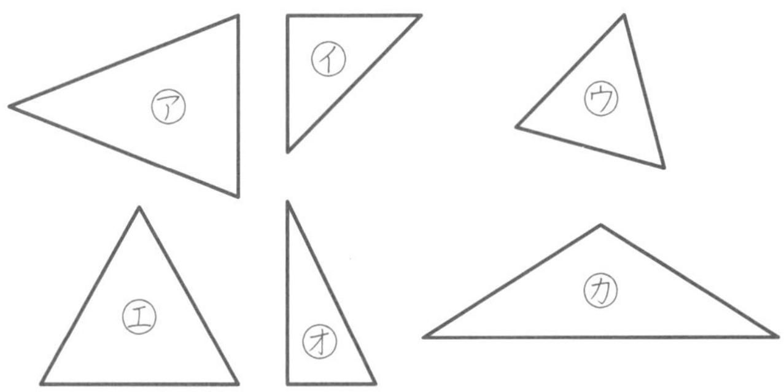


| | |
|---|---|
| ① 正三角形 | |
| ② 二等辺三角形(にとうへんさんかくけい) | |
| ③ 直角三角形 | |

**3.** 家から駅(えき)までの道のりときょりをもとめましょう。

① 道のり（　　　　　　）

② きょり（　　　　　　）

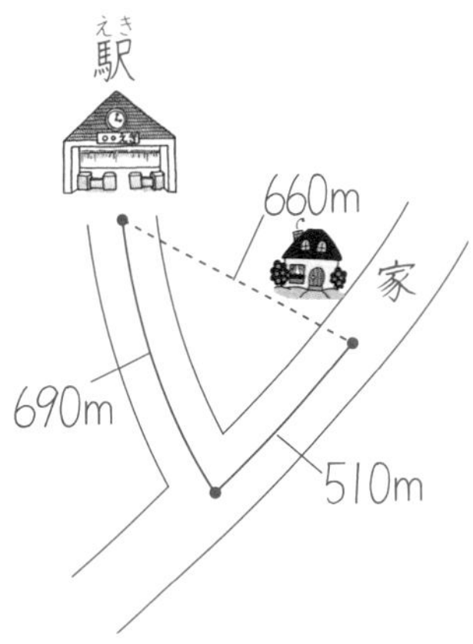


●おうちの方へ●

復習はいろいろな問題が出ますので、頭の切り換えに時間がかかります。ゆっくりやらせてください。



【136ページの答え】**1.** ①あさ ②いす ③かさ ④ちず ⑤ささ ⑥にく **2.** ①かあさん ②にいさん ③とうさん **3.** ①きって ②はっぱ ③とっきゅう

# ローマ字2

**1.** 次(つぎ)のローマ字で書いた言葉(ことば)の読み方を、（　　）にひらがなで書きましょう。

① asa（　　　）　② isu（　　　）

③ kasa（　　　）　④ tizu（　　　）

⑤ sasa（　　　）　⑥ niku（　　　）

**2.** のばす音(おん)は、â・î（ii）・û・ê・ôのように書きます。読み方を（　　）にひらがなで書いて、下にローマ字の練習(れんしゅう)をしましょう。

①（　　　）kâsan　kâsan

②（　　　）niisan

③（　　　）tôsan

**3.** つまる音(おん)は、さいしょの字を二字つづけて書きます。読み方を（　　）にひらがなで書いて、下にローマ字の練習(れんしゅう)をしましょう。

①（　　　）kitte

②（　　　）happa

③（　　　）tokkyû

勉強(べんきょう)したのは　月　日

終(お)わったら色ぬりしよう

**おうちの方へ**

ローマ字は慣れるまで時間がかかりますが、ローマ字五十音図を見ながら、何度も練習させてください。のばす音の表記とパソコンのローマ字入力は異なります。kâsan→KAASANN、tôsan→TOUSANNなどです。



【135ページの答え】1. ①4　②20　③1・6　④4730000
2. ①ウエ　②アイカ　③イオ　3. ①1200m　②660m

# まとめのテスト 1

勉強したのは　　月　　日　　/50点

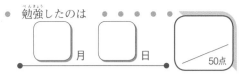

(1)（　）に名前を書きましょう。（10点）1つ5点

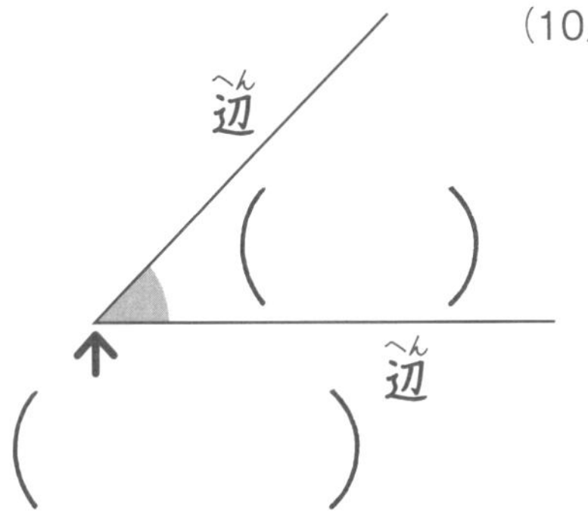


(2) いちばん大きい角の記号を□に書きましょう。（5点）

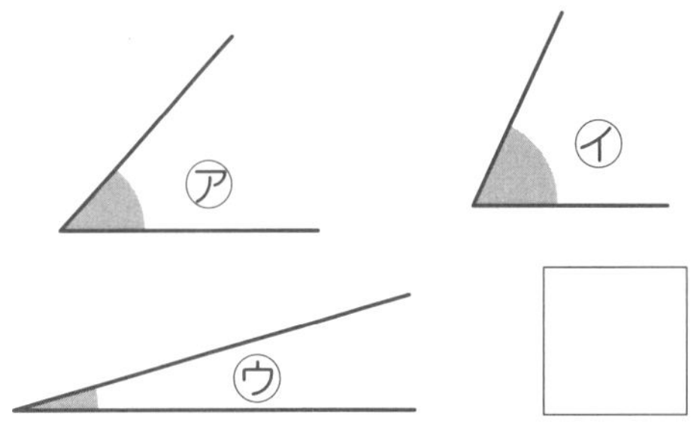


(3) 次の数を数字で書きましょう。（15点）1つ5点

① 三千八百五十六万四千二百（　　　）

② 六千十万九百二（　　　）

③ 一億（　　　）

(4) はんごとに読んだ本のさつ数をまとめました。表をもとにぼうグラフに表しましょう。

（20点）表題4点・各はん4点

〈1か月に読んだ本〉

| はん | 数（さつ） |
|---|---|
| 1ぱん | 28 |
| 2はん | 16 |
| 3ぱん | 24 |
| 4はん | 22 |
| 合計 | 90 |

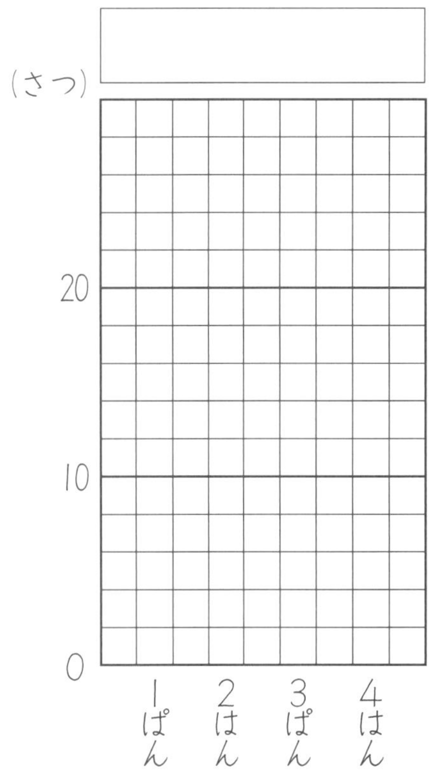

# まとめのテスト１

勉強したのは　月　日

／50点

(1) ていねいな言い方に○をつけましょう。（4点）

①（　）二重とびが上手になってうれしい。

②（　）兄と二人でたこあげに行った。

③（　）家族で豆まきをしました。

(2) 太字の部分に気をつけて、（　）に合う言葉を□からえらんで書きましょう。（15点）一つ5点

① **全ぜん**かぜがなおら（　　）。

②（　　）大雪になって**も**、行きます。

③ わたしは（　　）おいしいとは思わ**ない**。

| 少しも　ない　たとえ　ような |
|---|

(3)（　）に合う言葉を□からえらんで書きましょう。（15点）一つ5点

① まるで（　　）ようなからさだ。

② ちょうど（　　）のようなあまさだ。

③ まるで（　　）のようにつめたい手だ。

| さとう　氷　口から火が出る　おに |
|---|

(4) たぶんそうだと思っている言い方に㋐を、聞いたことをつたえる言い方に㋑を、（　）に書きましょう。（16点）一つ4点

①（　）このおかしはおいしそうだ。

②（　）このおかしはおいしいそうだ。

③（　）山田君はサッカー部に入るそうだ。

④（　）この花は明日にはさきそうだ。

# まとめのテスト 2

勉強したのは　月　日　／50点

次の計算を筆算でしましょう。　（50点）1つ5点

① 43×2

② 27×3

③ 67×8

④ 45×18

⑤ 65×39

⑥ 423×65

⑦ 69÷3

⑧ 68÷2

⑨ 84÷4

⑩ 82÷2

# まとめのテスト2

勉強したのは　月　日

/50点

## 虫たちの冬ごし

夏の間にたくさん見られた虫たちは、冬の間、どうしているのでしょうか。

かまきりのたまごは、あわにつつまれて木のえだにくっつき、すず虫はたまごで土の中にいます。かぶと虫は、よう虫で土の中に、とんぼはやご（よう虫）で水中にいます。ちょうやがなどは、さなぎの形で木のえだなどにわかりにくい色でくっついています。あめんぼは、成虫で水の底に、てんとう虫は、成虫で落ち葉の下にかくれています。

虫たちは、それぞれにてきしたすがたや場所で、寒さやかんそう、てきなどから身を守り、じっと春を待ち、冬を乗りこえているのです。

※成虫…おとなの虫

上の文章を読んで、次の問いに答えましょう。

① 次のすがたで冬を乗りこえる虫たちは、何ですか。（32点）一つ4点

㋐ たまご（　　）（　　）

㋑ よう虫（　　）（　　）

㋒ さなぎ（　　）（　　）

㋓ 成虫（　　）（　　）

② さなぎはどんな色ですか。（6点）

（　　）

③ 虫たちは、どんなものから身を守りながら冬を乗りこえるのですか。（12点）一つ4点

（　　）（　　）

（　　）

# まとめのテスト 3

勉強したのは　月　日　／50点

(1) 計算しましょう。　　(15点) 1つ5点

① $\frac{2}{7}+\frac{3}{7}=$　　② $\frac{9}{11}-\frac{6}{11}=$　　③ $1-\frac{7}{10}=$

(2) 次の三角形をかきましょう。（コンパスとじょうぎを使います。）

(10点) 1つ5点

① 辺の長さが、5cm、4cm、4cmの二等辺三角形

② 3つの辺の長さが、みんな4cmの正三角形

5cm　　　　4cm

(3) まみさんの家から学校までの道のりときょりはいくらでしょう。

(10点) 1つ5点

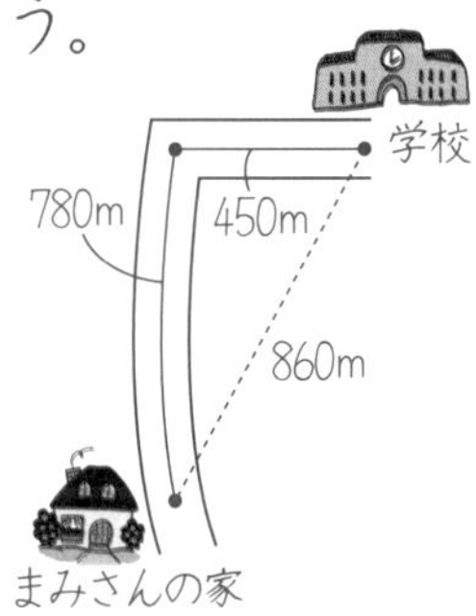


① 道のり
(　　km　　m)

② きょり
(　　m)

(4) 重さを書きましょう。　　(15点) 1つ5点

①

(　　　)

②

(　　kg　　g)

③ 1kgの1000倍の重さは
(　　　)。

答えは143ページ

# まとめのテスト３

次の□に漢字を書きましょう。（　）には、漢字と送りがなを書きましょう。

答えは144ページ

勉強したのは　□月　□日

（50点）一つ２点

／50点

①　□（とう）場人□（ぶつ）の大きな声。

②　□□（えきまえ）で（ひろう）。

③　□□（しんじつ）を（しらべる）。

④　□□□□（せかいへいわ）を（そだてる）。

⑤　□□（しょうひん）を（あじわう）。

⑥　（みじかい）□（かい）だん。

⑦　文化□（さい）のげきに□□（かんどう）する。

⑧　□□（こうふく）になる。

⑨　父は□□（のうぎょう）をしている。

## 【まとめのテスト　答え】

桝谷雄三（ますや・ゆうぞう　教育士・学力の基礎をきたえどの子も伸ばす研究会）
影浦邦子（かげうら・くにこ　学力の基礎をきたえどの子も伸ばす研究会）

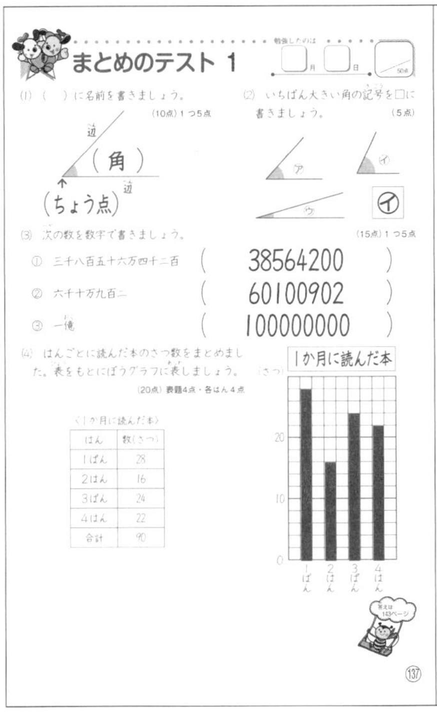
まとめのテスト 1　勉強したのは　月　日　50点

(1) （　）に名前を書きましょう。（10点）1つ5点

辺　（角）　辺　（ちょう点）

(2) いちばん大きい角の記号を□に書きましょう。（5点）

㋐　㋑　㋒　答え：㋑

(3) 次の数を数字で書きましょう。（15点）1つ5点

① 三千八百五十六万四千二百（38564200）

② 六千十万九百二（60100902）

③ 一億（100000000）

(4) はんごとに読んだ本のさつ数をまとめました。表をもとにぼうグラフに表しましょう。（20点）表題4点・各はん4点

〈1か月に読んだ本〉

| はん | 数(さつ) |
|---|---|
| 1ぱん | 28 |
| 2はん | 16 |
| 3ぱん | 24 |
| 4はん | 22 |
| 合計 | 90 |

1か月に読んだ本



137

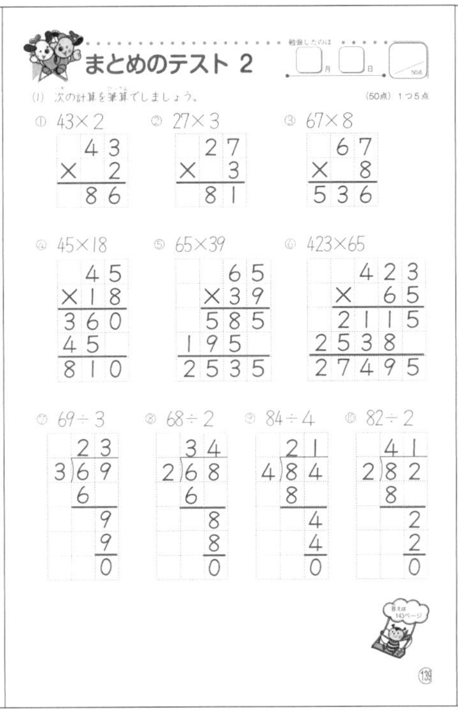
まとめのテスト 2　勉強したのは　月　日　50点

(1) 次の計算を筆算でしましょう。（50点）1つ5点

① 43×2 = 86

② 27×3 = 81

③ 67×8 = 536

④ 45×18：360、45、810

⑤ 65×39：585、195、2535

⑥ 423×65：2115、2538、27495

⑦ 69÷3 = 23

⑧ 68÷2 = 34

⑨ 84÷4 = 21

⑩ 82÷2 = 41

139

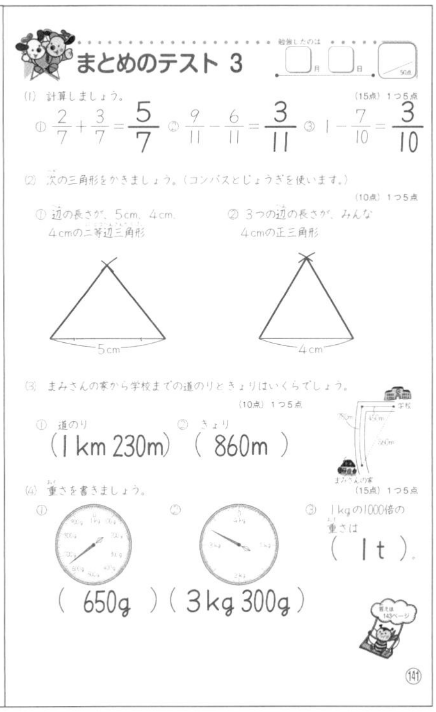
まとめのテスト 3　勉強したのは　月　日　50点

(1) 計算しましょう。（15点）1つ5点

① $\frac{2}{7}+\frac{3}{7}=\frac{5}{7}$　② $\frac{9}{11}-\frac{6}{11}=\frac{3}{11}$　③ $1-\frac{7}{10}=\frac{3}{10}$

(2) 次の三角形をかきましょう。（コンパスとじょうぎを使います。）（10点）1つ5点

① 辺の長さが、5cm、4cm、4cmの二等辺三角形

② 3つの辺の長さが、みんな4cmの正三角形



(3) まみさんの家から学校までの道のりときょりはいくらでしょう。（10点）1つ5点

① 道のり（1km 230m）　② きょり（860m）



(4) 重さを書きましょう。（15点）1つ5点

①（650g）　②（3kg 300g）　③ 1kgの1000倍の重さは（1t）。

141

きりとり

## 【修了証申し込み】

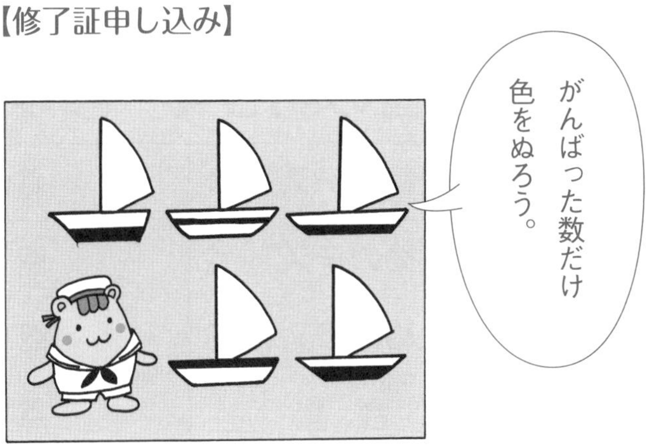



勉強したくなるプリント　後期／算数

# 学習の記ろく・③年生

| | |
|---|---|
| まとめのテスト　1 | 点 |
| まとめのテスト　2 | 点 |
| まとめのテスト　3 | 点 |
| 合　計 | 点 |

きりとり

おうちのひとのコメント　月　日

お子さんのお名前（ふりがな　　　　）　保護者のお名前

住所　〒　　　　TEL

メールアドレス

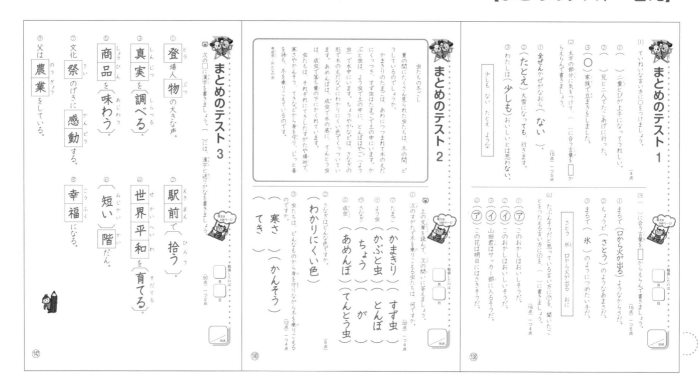

# 【まとめのテスト　答え】

## まとめのテスト 1

(1) ていねいな言い方に○をつけましょう。（4点）

①（　）二重とびが上手になってうれしい。

②（　）兄と二人でたこあげに行った。

③（○）家族で豆まきをしました。

(2) 太字の部分に気をつけて、（　）に合う言葉を□からえらんで書きましょう。（15点）一つ5点

① 全ぜんかぜがなおら（ない）。

②（たとえ）大雪になっても、行きます。

③ わたしは（少しも）おいしいとは思わない。

少しも　ない　たとえ　ような

(3)（　）に合う言葉を□からえらんで書きましょう。（15点）一つ5点

① まるで（口から火が出る）ようなからさだ。

② ちょうど（さとう）のようなあまさだ。

③ まるで（氷）のようにつめたい手だ。

さとう　氷　口から火が出る　おに

(4) たぶんそうだと思っている言い方に㋐を、聞いたことをつたえる言い方に㋑を、（　）に書きましょう。（16点）一つ4点

①（㋐）このおかしはおいしそうだ。

②（㋑）このおかしはおいしいそうだ。

③（㋑）山田君はサッカー部に入るそうだ。

④（㋐）この花は明日にはさきそうだ。

138

## まとめのテスト 2

虫たちの冬ごし

夏の間にたくさん見られた虫たちは、冬の間、どうしているのでしょうか。

かまきりのたまごは、あわにつつまれて木のえだにくっつき、すず虫はたまごで土の中にいます。かぶと虫は、よう虫で土の中に、とんぼはやご（よう虫）で水中にいます。ちょうやがなどは、さなぎの形で木のえだなどにわかりにくい色でくっついています。あめんぼは、成虫で水の底に、てんとう虫は、成虫で落ち葉の下にかくれています。

虫たちは、それぞれにてきしたすがたや場所で、寒さやかんそう、てきなどから身を守り、じっと春を待ち、冬を乗りこえているのです。

※成虫…おとなの虫

上の文章を読んで、次の問いに答えましょう。

① 次のすがたで冬を乗りこえる虫たちは、何ですか。（32点）一つ4点

㋐ たまご（かまきり）（すず虫）

㋑ よう虫（かぶと虫）（とんぼ）

㋒ さなぎ（ちょう）（が）

㋓ 成虫（あめんぼ）（てんとう虫）

② さなぎはどんな色ですか。（6点）

（わかりにくい色）

③ 虫たちは、どんなものから身を守りながら冬を乗りこえるのですか。（12点）一つ4点

（寒さ）（かんそう）

（てき）

140

## まとめのテスト 3

次の□に漢字を書きましょう。（　）には、漢字と送りがなを書きましょう。（50点）一つ2点

① 登場人物の大きな声。

② 駅前で（拾う）。

③ 真実を（調べる）。

④ 世界平和を（育てる）。

⑤ 商品を（味わう）。

⑥（短い）階だん。

⑦ 文化祭のげきに感動する。

⑧ 幸福になる。

⑨ 父は農業をしている。

142

きりとり

## 【修了証申し込み】

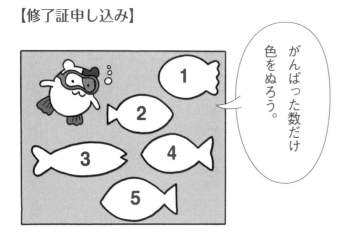

がんばった数だけ色をぬろう。

勉強したくなるプリント　後期／国語

## 学習の記ろく・3年生

| | |
|---|---|
| まとめのテスト 1 | 点 |
| まとめのテスト 2 | 点 |
| まとめのテスト 3 | 点 |
| 合　計 | 点 |

きりとり

おうちのひとのコメント　月　日

国語だけの申し込みも可能です。

裏面に住所・氏名を記入して送付してください。